干部政德教育丛书

论语译注

济宁干部政德教育学院 编

齊魯書社

本书编写组

主　　　编：孔凡萍

副　主　编：张茂瑞　李敬学

文 稿 编 辑：崔德路　胡　宾　申　拓

孔国栋　商学哲

前 言

习近平总书记指出，坚定中国特色社会主义道路自信、理论自信、制度自信，说到底是要坚定文化自信；优秀传统文化是中华民族的精神命脉，有其独特的价值体系，蕴含着丰富的治国理政思想和智慧。2013 年 11 月，习近平总书记视察山东视察济宁，作出大力弘扬中华优秀传统文化的重要指示，强调国无德不兴，人无德不立。为深入学习贯彻习近平总书记重要指示精神，我们充分发挥济宁传统文化资源丰厚、人才济济等优势，积极探索把以儒家思想为代表的中华优秀传统文化创造性地应用到干部教育培训中，“以古人之规矩，开自己之生面”，精心打造干部政德教育基地，逐步形成课堂教学、现场教学、体验教学、礼乐教学等有机融合的教学模式，在培育提升干部为政之德、建设忠诚干净担当干部队伍方面发挥了重要作用，干部政德教育培训规模不断扩大，影响力不断提升。2016 年以来至 2017 年 10 月，已承接中央党校、国家行政学院、中国浦东干部学院、中央组织部全国组织干部学院以及省内外各级各类干部政德教育培训班次 810 余期 4.4 万余人。

2016 年 7 月，山东省委组织部在济宁召开干部政德教育教学体系建设专题研讨会，对加快干部政德教育基地建设，进一步提升干部政德教育水平作出规划部署，提出构建一套周密完备的课程体系、设计一套灵活多样的教学模式、编写一套适用性强的辅助教材、营造一个儒韵深厚的教学环境、组建一支高素质的师资队伍等“五个一”的目标任务。在教材编写方面，我们根据学员需求，结合教学实际，组织专家团队集中精力编撰干部政德教育丛书，主要包括《论语》等儒家经典译注和《干部政德教育现场教学讲解词》《中华优秀传统文化中的治国理政思想》等系列教材。丛书编撰坚持以马克思主义为指导，认真落实习近平总书记关于弘扬中华优秀传统文化的重要指示，坚持创造性转化、创新性发展的“两创”方针，紧紧围绕“讲清楚每个国家和民族的历史传统、文化积淀、基本国情不同，其发展道路必然有着自己的特色；讲清楚中华文化积淀着中华民族最深沉的精神追求，是中华民族生生不息、发展壮大的丰厚滋养；讲清楚中华优秀传统文化是中华民族的突出优势，是我们最深厚的文化软实力；讲清楚中国特色社会主义植根于中华文化沃土、反映中国人民意愿、适应中国和时代发展进步要求，有着深厚历史渊源和广泛现实基础”等“四个讲清楚”的重大课题，着力在诠释儒家经典的基础上，古为今用、推陈出新，阐发优秀传统文化的思想精髓和当代价值，帮助干部从优秀传统文化凝结的哲学思想、人文精神、道德理念中汲取滋养，培育提升为政之德。

希望丛书的出版，能够为广大读者学习传承优秀传统文化打开一扇窗，以学益智、以学养德、以学立身；为干部修身齐家、从政理政以有益启示，不断提升人文素养和思想境界，更好地依靠文化自信坚定理想信念，为建设中国特色社会主义增添力量。

编　者

二〇一七年十一月

目 录

学而篇第一

1.1　子曰："学而时习之，不亦说①乎？有朋自远方来，不亦乐乎？人不知，而不愠②，不亦君子乎？"

【注释】

①说（yuè）：通"悦"，愉悦。

②愠（yùn）：怨恨。

【译文】

孔子说："学了，然后时常加以练习和实践，不也很愉快吗？有志同道合的人从远处来，不也很快乐吗？别人不了解我，我却不生气怨恨，不也是君子吗？"

1.2　有子①曰："其为人也孝弟②，而好犯上者，鲜矣！不好犯上，而好作乱者，未之有也。君子务本，本立而道生。孝弟也者，其为仁之本与③！"

【注释】

①有子：孔子学生，姓有，名若。《论语》中称孔子学生时一般称其"字"，而对曾参和有若尊称为"子"。据此，有人认为《论语》是由曾参和有若的弟子整理而成的。

②弟（tì）：通"悌"，善事兄长为悌。

③与（yú）：通"欤"，表推测语气。

【译文】

有子说："一个人在做人方面，孝顺父母，敬爱兄长，却喜欢冒犯上级，这种人是很少的。不喜欢冒犯上级，却喜欢造反作乱，没有这种人。君子致力于在根本上下功夫，根本确立了，'道'就会产生。孝顺父母，敬爱兄长，这就是'仁'的根本吧！"

1.3　子曰："巧言令色①，鲜矣仁！"

【注释】

①令色：色，脸色、容色。令色，指取悦于人的谄媚脸色。

【译文】

孔子说："花言巧语，面貌伪善，这种人的仁德是不会多的。"

1.4　曾子①曰："吾日三省②吾身：为人谋而不忠乎？与朋友交而不信乎？传不习乎？"

【注释】

①曾子：孔子学生，姓曾，名参（shēn），字子舆，鲁国人。其父曾皙（xī），名点，也是孔子的学生。

②省（xǐng）：反省、检查。

【译文】

曾子说："我每天多次反省自己：为别人做事是否尽心尽力了？与朋友交往是否诚实守信了？老师传授的学业是否付诸实践了？"

1.5　子曰："道①千乘之国②，敬事而信，节用而爱人，使民以时。"

【注释】

①道（dǎo）：通“导”，引导、教导、治理。

②千乘（shèng）之国：乘，古代用四匹马拉的一辆兵车为一乘。春秋时期，打仗用战车，国家的强弱常用兵车的数量来衡量。

【译文】

孔子说：“治理有一千辆兵车的大国，就要敬业尽责，诚信无欺，节约用度，爱护百姓，征用百姓不违农时。”

1.6 子曰：“弟子入则孝，出则悌，谨而信，泛爱众，而亲仁。行有余力，则以学文。”

【译文】

孔子说：“年轻人，要做到在家孝顺父母，在外敬爱兄长；言语做事谨慎恭敬、诚实可信；广泛地友爱众人，亲近有仁德的人。做好这些还有余力的话，就再去学习文化知识。”

1.7 子夏①曰：“贤贤②易色③；事父母，能竭其力；事君，能致其身；与朋友交，言而有信。虽曰未学，吾必谓之学矣。”

【注释】

①子夏：孔子学生，姓卜，名商，字子夏，在“四科十哲”中长于“文学”科。

②贤贤：第一个“贤”为动词，尊重；第二个“贤”为名词，贤人。

③易色：易，轻视。色，容貌、脸色，这里指女色。

【译文】

子夏说：“重视德行替代重视容貌；侍奉父母，能尽心竭力；服事君上，能鞠躬尽瘁；同朋友交往，说话诚实守信。这种人，虽说没学习过，我一定说他已经学习过了。”

1.8 子曰：“君子不重则不威，学则不固。主忠信，无友不如己者。过则勿惮改。”

【译文】

孔子说：“君子如果不庄重就没有威严，勤于学习就不会固执、顽固不化。要以忠信为主，不要与道德上不如自己的人交往。有了过错，就不要怕去改正。”

1.9 曾子曰：“慎终，追远，民德归厚矣。”

【译文】

曾子说：“慎重地对待父母的丧事，追思祭祀历代的祖先，这样就会使老百姓的道德归于仁厚了。”

1.10 子禽①问于子贡②曰：“夫子③至于是邦也，必闻其政，求之与？抑与之与？”子贡曰：“夫子温、良、恭、俭、让以得之。夫子之求之也，其诸异乎人之求之与！”

【注释】

①子禽：孔子的学生，姓陈，名亢，字子禽。

②子贡：孔子学生，姓端木，名赐，字子贡，卫国人，在“四科十哲”中长于“言语”科。

③夫子：古代的一种敬称，凡是做过大夫的人，都以夫子敬称。孔子曾为鲁国的司寇，所以其学生称他为夫子。

【译文】

子禽问子贡道："老师每到一个国家，必然能听到这个国家的政事，是求教得来的呢，还是人家主动告诉他的呢？"子贡说："老师温和、善良、恭敬、节俭、谦逊，是靠这些德行而得到的。老师求取的方法，大概与别人求取的方法不相同吧！"

1.11 子曰："父在，观其志；父没①，观其行；三年无改于父之道，可谓孝矣。"

【注释】

①没（mò）：去世。

【译文】

孔子说："当父亲在世的时候，要看儿子的志向；父亲去世之后，要看儿子的实际行为；如果能够多年不改变父亲传下来的正确的为人处世之道，就可以说是做到孝了。"

1.12 有子曰："礼之用，和为贵。先王之道，斯为美，小大由之。有所不行，知和而和，不以礼节之，亦不可行也。"

【译文】

有子说："礼的施行，以和谐为贵。前代君王治理国家，最可贵之处就在这里，小事大事都遵循这个道理。如果有行不通的地方，那一定是为和谐而一味追求和谐，不懂得用礼加以节制，所以也就行不通了。"

1.13 有子曰："信近于义，言可复也。恭近于礼，远耻辱也。

因不失其亲，亦可宗也。”

【译文】

有子说：“信约符合道义，所许的诺言就可以去兑现。恭敬符合礼制，就能避免遭受耻辱。凭这些而不疏远应当亲近的人，也能确定他是可以依靠的人。”

1.14　子曰：“君子食无求饱，居无求安，敏于事而慎于言，就有道而正焉，可谓好学也已。”

【译文】

孔子说：“君子饮食上不贪图饱足，居住上不要求安逸，做事勤勉聪慧，言语谨慎，接近有道德的人来匡正自己，这样的人可以称得上是好学了。”

1.15　子贡曰：“贫而无谄，富而无骄，何如？”子曰：“可也。未若贫而乐，富而好礼者也。”子贡曰：“《诗》云：‘如切如磋，如琢如磨①。’其斯之谓与？”子曰：“赐也，始可与言《诗》已矣，告诸往而知来者。”

【注释】

①如切如磋，如琢如磨：指在研究学问、修养道德方面互相探讨勉励。如切如磋，指在研究学问方面，要像加工骨头、象牙一样，既切之而又磋之。如琢如磨，指在修养德行方面，要像加工玉、石器件一样，既琢之而又磨之。

【译文】

子贡说：“贫穷却不逢迎谄媚，富有却不骄横傲慢，这样做怎么样呢？”孔子说：“可以了。但是还不如虽贫穷却乐于遵道，富有却崇尚礼义的人。”子贡说：“《诗经》上说：‘好像加工象牙经过切削和刀锉，好像加工美玉经过雕琢和研磨。’那说的就是这个意思吧？”孔子说：“赐呀，现在可以与你讨论《诗经》了，告诉以往的事，你能有所发挥，推知未来的事。”

1.16 子曰：“不患人之不己知，患不知人也。”

【译文】

孔子说：“不担心别人不了解自己，而担心自己不了解别人。”

为政篇第二

2.1 子曰："为政以德，譬如北辰，居其所而众星共[①]之。"

【注释】

①共（gǒng）：通"拱"，拱卫、环绕。

【译文】

孔子说："用道德教化来治理国政，就会像北极星那样，居于其所在的方位上，而群星都环绕在它周围。"

2.2 子曰："《诗》三百，一言以蔽之，曰'思无邪'。"

【译文】

孔子说："《诗经》三百篇，用一句话来概括它，就是'思想纯正'。"

2.3 子曰："道之以政，齐之以刑，民免而无耻；道之以德，齐之以礼，有耻且格[①]。"

【注释】

①格：纠正、矫正。此处引申为归顺、归服。

【译文】

孔子说："用政令来教导百姓，用刑罚来管束他们，老百姓就会为免于刑罚而没有羞耻心；用道德来教导百姓，用礼制来规范他们，老百姓不仅有羞耻之心，而且会真心归服。"

2.4　子曰：“吾十有五而志于学，三十而立，四十而不惑，五十而知天命，六十而耳顺，七十而从心所欲，不逾矩。”

【译文】

孔子说：“我十五岁立志学习，三十岁能立足于世，四十岁能不为外界事物所困惑，五十岁能知道天道运行的规律，六十岁能正确对待各种批评、听得进逆耳之言，七十岁能随心所欲而不逾越规矩。”

2.5　孟懿子①问孝。子曰：“无违。”樊迟②御，子告之曰：“孟孙问孝于我，我对曰，无违。”樊迟曰：“何谓也？”子曰：“生，事之以礼；死，葬之以礼，祭之以礼。”

【注释】

①孟懿子：鲁国大夫，姓仲孙，名何忌，孟僖子之子，“懿”为其谥号。《左传》记载，孟僖子将死，嘱咐孟懿子要向孔子学礼。

②樊迟：孔子学生，姓樊，名须，字子迟，鲁国人。

【译文】

孟懿子问什么是孝。孔子说：“不要违背礼制。”樊迟为孔子驾车，孔子便告诉他说：“孟孙向我问孝道，我回答说，不要违背礼制。”樊迟说：“这是什么意思呢？”孔子说：“父母在世的时候，依礼侍奉他们；父母去世以后，依礼安葬他们，祭祀他们。”

2.6　孟武伯①问孝。子曰：“父母唯其疾之忧。”

【注释】

①孟武伯：孟懿子之子，姓仲孙，名彘（zhì），“武”为其谥号。

【译文】

孟武伯问什么是孝。孔子说："只能让父母为子女的疾病担忧。除此之外，就再也不能让父母有任何为之担忧的了。"

2.7 子游[①]问孝。子曰："今之孝者，是谓能养。至于犬马，皆能有养。不敬，何以别乎？"

【注释】

①子游，孔子学生，姓言，名偃，字子游，吴国人，在"四科十哲"中长于"文学"科。

【译文】

子游问什么是孝。孔子说："如今所谓的孝，只是说能够养活父母。可是，犬马都可以养活。如果对父母只是养活而没有尊敬之心，那与饲养犬马又有什么区别呢？"

2.8 子夏问孝。子曰："色难。有事，弟子服其劳；有酒食，先生馔[①]，曾是以为孝乎？"

【注释】

①馔（zhuàn）：吃喝。

【译文】

子夏问什么是孝。孔子说："在父母面前始终保持愉悦的容色，是件难事。有了事情，年轻人替年长者去做；有了酒饭，让年长者首先享用，难道这样就算是孝了吗？"

2.9 子曰："吾与回[①]言终日，不违，如愚。退而省其私，

亦足以发，回也不愚。”

【注释】

①回：孔子学生，姓颜，名回，字子渊，鲁国人，在“四科十哲”中长于“德行”科。

【译文】

孔子说：“我整天给颜回讲学，他从来不提反对意见，像个愚笨的人。等他退下之后，我考察他私下的言行，发现他对所学内容能够充分发挥，可见颜回并不愚笨。”

2.10 子曰：“视其所以①，观其所由②，察其所安③。人焉廋④哉？人焉廋哉？”

【注释】

①以：凭借。此处指动机、因由。

②由：经由、途经。

③安：安于、安心。

④廋（sōu）：隐藏、掩盖。

【译文】

孔子说：“看他为什么做事，观察他怎么做事，考察他安心于做什么事。这个人还能隐藏什么呢？这个人还能隐藏什么呢？”

2.11 子曰：“温故而知新，可以为师矣。”

【译文】

孔子说：“温习以往的知识而能有新体会、新发现，这样的人就可以做老师了。”

2.12　子曰：“君子不器。”

【译文】

孔子说：“君子不能像器具那样，只有某一方面的作用或能力。”

2.13　子贡问君子。子曰：“先行其言，而后从之。”

【译文】

子贡问什么是君子。孔子说：“先去践行自己要说的话，做到以后再说出来。”

2.14　子曰：“君子周①而不比②，小人比而不周。”

【注释】

①周：亲近、团结。

②比：勾结、搞阴谋。

【译文】

孔子说：“君子团结而不勾结，小人勾结而不团结。”

2.15　子曰：“学而不思则罔，思而不学则殆。”

【译文】

孔子说：“只是读书学习而不结合实际思考，就会迷惘无所得；只是思考而不读书学习，就会精神疲怠而一无所获。”

2.16　子曰：“攻乎异端，斯害也已。”

【译文】

孔子说：“攻习那些歪理邪说，它们是很有害的。”

2.17　子曰：“由[①]，诲女[②]知之乎？知之为知之，不知为不知，是知也。”

【注释】

①由：孔子学生，仲由，字子路，一字季路，卞（在今山东泗水县东）人，逞强好勇，在“四科十哲”中长于“政事”科。

②女：通“汝”，你。

【译文】

孔子说：“仲由，教给你的道理都知道了吗？知道就是知道，不知道就是不知道，这才是明智的。”

2.18　子张[①]学干禄[②]。子曰：“多闻阙疑，慎言其余，则寡尤[③]；多见阙殆，慎行其余，则寡悔。言寡尤，行寡悔，禄在其中矣。”

【注释】

①子张：孔子学生，姓颛孙，名师，字子张，陈国人。

②干禄：干，求取。禄，旧时官吏的俸给。

③尤：过错、过失。

【译文】

子张向孔子学习怎样求得官职俸禄。孔子说：“多听，保留存疑的地方，谨慎地说出其余有把握的地方，就能减少错误；多看，保留存疑的地方，谨慎地去做其余有把握的地方，就能减少懊悔。说话减少错误，做事减少懊悔，官职俸禄就在其中了。”

2.19　哀公[①]问曰：“何为则民服？”孔子对曰：“举直错[②]

诸枉，则民服；举枉错诸直，则民不服。”

【注释】

①哀公：春秋末年鲁国国君，姓姬，名蒋，定公之子，“哀”为其谥号。

②错：通“措”，放置。

【译文】

鲁哀公问道：“怎样做才能使百姓顺服呢？”孔子回答说：“提拔举用正直无私的人，把他放在邪恶不正的人之上，百姓就会顺服；提拔举用邪恶不正的人，把他放在正直无私的人之上，百姓就不会顺服。”

2.20 季康子[①]问：“使民敬、忠以[②]劝，如之何？”子曰：“临之以庄，则敬；孝慈，则忠；举善而教不能，则劝。”

【注释】

①季康子：鲁国大夫，姬姓，季氏，名肥，鲁哀公时的正卿，“康”为其谥号。

②以：相当于“而”“且”。

【译文】

季康子问：“要使百姓恭敬、效忠且互相劝勉，应该怎么做呢？”孔子说：“以庄重的态度面对百姓，他们就会恭敬；以孝敬父母之心慈爱百姓，他们就会效忠；提拔举用善良的人，教导能力不足的人，他们就会互相劝勉。”

2.21 或谓孔子曰：“子奚不为政？”子曰：“《书》云：‘孝

乎惟孝[1]，友于兄弟，施于有政。’是亦为政，奚其为为政？”

【注释】

①惟孝：指孝敬父母。

【译文】

有人对孔子说：“你为什么不做官从政呢？”孔子说：“《尚书》说：‘孝敬父母，友爱兄弟，把这种风气施加影响到当政者。’这也是参与政治了，为什么一定要做官才算从政呢？”

2.22　子曰：“人而无信，不知其可也。大车无輗[1]，小车无軏[2]，其何以行之哉？”

【注释】

①輗（ní）：大车（牛车）辕前横木两端的木销。

②軏（yuè）：小车（马车）辕前横木两端的木销。

【译文】

孔子说：“人如果没有诚信，不知道他怎么可以立足。就好像大车没有輗、小车没有軏一样，如何能行走呢？”

2.23　子张问：“十世可知也？”子曰：“殷因于夏礼，所损益，可知也；周因于殷礼，所损益，可知也；其或继周者，虽百世，可知也。”

【译文】

子张问：“今后十代的礼仪制度可以知道吗？”孔子回答说：“殷商承袭夏朝的礼仪制度，所废除和增加的地方是可以知道的；周朝承袭殷商的礼仪制度，所废除和增加的地方也是可以知道的。如果有继承周朝的，即使经历百代，也是可以知道的。”

2.24 子曰：“非其鬼而祭之，谄也。见义不为，无勇也。”

【译文】

孔子说：“不是你应该祭祀的鬼神而去祭祀它，就是谄媚。见到应该做的正义的事情而不去做，就是没有勇气。”

八佾篇第三

3.1 孔子谓季氏："八佾①舞于庭，是可忍也，孰不可忍也？"

【注释】

①佾（yì）：古代乐舞的行列，八人一行，为一佾。按周礼制，只有天子才能用八佾，诸侯用六佾，大夫用四佾。季氏为大夫，用八佾是僭越礼法的行为。

【译文】

孔子评论季孙氏说："他用天子的八佾乐舞在自家庭院中演奏，如果这种僭越的行为都可以容忍的话，那还有什么不可容忍的呢？"

3.2 三家①者以《雍》②彻。子曰："'相③维辟公④，天子穆穆'，奚取于三家之堂？"

【注释】

①三家：春秋时期鲁国当政的三家贵族，即孟孙氏、叔孙氏、季孙氏，都为鲁桓公的后代，又称"三桓"。

②《雍》：《诗经·周颂》中的一篇，是周天子祭祀宗庙后撤去祭品的乐诗，属天子之乐，诸侯、大夫用之，则为僭越。

③相：助，此为助祭者。

④辟（bì）公：诸侯。

【译文】

三家在祭祖完毕时，演奏着《雍》诗撤去祭品。孔子说："《雍》

诗所谓‘助祭者是诸侯，主祭天子端庄肃穆’，这样的诗乐怎么能用在你三家的庙堂里呢？”

3.3　子曰：“人而不仁，如礼何？人而不仁，如乐何？”

【译文】

孔子说：“人如果没有仁爱，怎么能实行礼呢？人如果没有仁爱，怎么能运用乐呢？”

3.4　林放问礼之本。子曰：“大哉问！礼，与其奢也，宁俭；丧，与其易①也，宁戚。”

【注释】

①易：周备之意。

【译文】

林放问什么是礼的根本。孔子说：“你问的问题重大啊！就礼仪而言，与其奢华，宁愿节俭；就丧事而言，与其周备，宁愿悲伤哀戚。”

3.5　子曰：“夷狄①之有君，不如诸夏②之亡③也。”

【注释】

①夷狄：古代泛指除华夏族以外的少数部族。

②诸夏：概指周朝华夏各诸侯国，又称中国。

③亡：通“无”，没有。

【译文】

孔子说：“文化落后的夷狄之国虽然有君主，还不如中原诸国没有君主呢。”

3.6 季氏旅[①]于泰山。子谓冉有[②]曰："女弗能救与？"对曰："不能。"子曰："呜呼！曾谓泰山不如林放乎？"

【注释】

①旅：旅祭、祭山。按照礼制，只有天子和诸侯才能旅祭名山。季氏作为鲁国大夫去祭祀泰山，是僭礼。

②冉有：孔子学生，姓冉，名求，字子有，在"四科十哲"中长于"政事"科。冉有当时为季氏家臣。

【译文】

季氏要去祭祀泰山。孔子对冉有说："你不能劝阻他吗？"冉有回答说："不能。"孔子说："唉！难道泰山之神还不如林放知礼，会接受这种不合规矩的祭祀吗？"

3.7 子曰："君子无所争。必也射[①]乎！揖让而升，下而饮，其争也君子。"

【注释】

①射：指古代的射礼。

【译文】

孔子说："君子之间没有什么相争的事情。如果有的话，一定就是比赛射箭了！比赛时，先相互作揖谦让，然后上场。射完后，又相互作揖退下来，再一起喝酒。这种争就是君子之争。"

3.8 子夏问曰："'巧笑倩兮，美目盼兮，素以为绚[①]兮。'何谓也？"子曰："绘事后素。"曰："礼后乎？"子曰："起予者商也！始可与言《诗》已矣。"

【注释】

①绚（xuàn）：文采。

【译文】

子夏问道："'微笑的面容多么动人啊，美丽的眼睛黑白分明啊，洁白的底子上绘有文采啊。'这几句诗是什么意思呢？"孔子说："先有洁白的底子，然后才能绘好色彩。"子夏说："那么，是不是说礼产生在纯真质朴之后呢？"孔子说："能启发我的人是卜商啊！现在可以与你讨论《诗经》了。"

3.9　子曰："夏礼，吾能言之，杞不足征也；殷礼，吾能言之，宋不足征也。文献①不足故也。足，则吾能征之矣。"

【注释】

①文献：文，指文籍、文字资料；献，指熟悉典策的贤人。

【译文】

孔子说："夏代的礼，我能说出来，它的后代杞国不足为证；殷商的礼，我能说出来，它的后代宋国不足为证。这是它们的文籍和贤才不足备的缘故。如果有足够的文籍和贤才，我就可以引以为证了。"

3.10　子曰："禘①，自既灌②而往者，吾不欲观之矣。"

【注释】

①禘（dì）：即禘祭，是以祖先配天而祭，只有天子才能举行。因为周公有莫大功勋，周成王特赐其可以举行禘祭。而此后鲁国之君都沿此惯例，举行禘祭，属僭礼，因此孔子不想看。

②灌：本作祼（guàn），祭祀中的一个仪式。古代祭祀中，用活人代替受祭者，这活人便叫“尸”。“尸”一般为幼年男女。禘祭要向“尸”献酒九次，第一次献酒叫作“祼”。

【译文】

孔子说：“禘祭时，自第一次献酒而后，我就不愿意看了。”

3.11　或问禘之说。子曰：“不知也。知其说者之于天下也，其如示诸斯乎！”指其掌。

【译文】

有人请教禘祭的学说。孔子说：“我不知道。知道禘祭学说的人对于治理天下，就好像把东西展示在这里一样容易吧！”他一面说，一面指着自己的手掌。

3.12　祭如在，祭神如神在。子曰：“吾不与祭，如不祭。”

【译文】

祭祀祖先时，就好像祖先在面前一样；祭祀神灵时，就好像神灵在面前一样。孔子说：“我如果不亲自祭祀，祭了也如同没祭一样。”

3.13　王孙贾[①]问曰：“‘与其媚于奥[②]，宁媚于灶[③]’，何谓也？”子曰：“不然。获罪于天，无所祷也。”

【注释】

①王孙贾：卫灵公的大臣，时任大夫。

②奥：屋内的西南角为奥，尊长居之。此处指尊贵之处的神。

③灶：这里指灶神，其地位低于奥神。

【译文】

王孙贾问道："'与其献媚于奥神，不如献媚于灶神'，说的是什么意思？"孔子说："不是这样。如果得罪了上天，那祈祷什么神也没有用。"

3.14　子曰："周监[①]于二代，郁郁乎文哉！吾从周。"

【注释】

①监：通"鉴"，借鉴。

【译文】

孔子说："周代的礼仪制度借鉴于夏、商二代，多么富有文采啊！我遵从周代的。"

3.15　子入太庙[①]，每事问。或曰："孰谓鄹[②]人之子知礼乎？入太庙，每事问。"子闻之，曰："是礼也。"

【注释】

①太庙：古代开国之君叫太祖，太祖之庙叫太庙。鲁国太庙，即周公旦的庙，供鲁国祭祀周公。

②鄹（zōu）：春秋时鲁国地名，又写作"陬"，在今山东曲阜东南。"鄹人"是指孔子的父亲叔梁纥，他曾做过陬邑大夫。

【译文】

孔子进入太庙，每件事都要发问。有人说："谁说鄹人叔梁纥的儿子懂得礼呢？他到了太庙，每件事都要问一问。"孔子听到后，说："这正是礼啊！"

3.16　子曰："射不主皮①，为力不同科②，古之道也。"

【注释】

①皮：指用皮做的箭靶子。

②科：级别、类别。

【译文】

孔子说："举行射礼时的射箭，不一定要射透箭靶子，因为各人的力气大小不同，这是古代的规矩。"

3.17　子贡欲去告朔①之饩羊②。子曰："赐也！尔爱其羊，我爱其礼。"

【注释】

①告朔：周制，天子每年冬天把来年的历书颁发给诸侯。诸侯将历书收藏于祖庙，并于每月初一（朔日）到祖庙，杀一只活羊祭祀，表示每月听政的开始，这就是"告朔"礼。

②饩（xì）羊：祭祀用的活羊。

【译文】

子贡提出要把鲁国每月初一告祭祖庙用的活羊免去。孔子说："赐啊！你爱惜那只羊，我却爱惜那种礼。"

3.18　子曰："事君尽礼，人以为谄也。"

【译文】

孔子说："事奉君主完全尽到礼数，别人却以为这是谄媚。"

3.19　定公①问："君使臣，臣事君，如之何？"孔子对曰：

“君使臣以礼，臣事君以忠。”

【注释】

①定公：鲁国国君，姓姬，名宋，“定”为其谥号。

【译文】

鲁定公问：“君主使用臣子，臣子事奉君主，各自应该怎样做才好？”孔子回答说：“君主应该按照礼的要求去使用臣子，臣子应该以忠诚来事奉君主。”

3.20　子曰：“《关雎》[①]，乐而不淫，哀而不伤。”

【注释】

①《关雎（jū）》:《诗经》的第一篇。此篇写一君子追求淑女辗转反侧的忧思，以及结婚时钟鼓乐之的欢乐。

【译文】

孔子说：“《关雎》这篇乐诗，快乐而不过分，悲哀而不痛苦。”

3.21　哀公问社[①]于宰我。宰我[②]对曰：“夏后氏以松，殷人以柏，周人以栗，曰使民战栗。”子闻之，曰：“成事不说，遂事不谏，既往不咎。”

【注释】

①社:社主。古代祭祀土神时要立一个木制的牌位,称之为“主”。

②宰我:孔子学生,姓宰,名予,字子我,在“四科十哲”中长于“言语”科。

【译文】

鲁哀公向宰我询问土地神的牌位用材。宰我回答说：“夏代用松木，殷代用柏木，周代用栗木，意喻使民众产生敬畏之心。”孔子听到后，责备说：“完成的事不用再解释了，已成定局的事不要再劝谏了，已经过去的事不必再追究了。”

3.22　子曰：“管仲[1]之器小哉！”或曰：“管仲俭乎？”曰：“管氏有三归[2]，官事不摄[3]，焉得俭？”“然则管仲知礼乎？”曰：“邦君树塞门[4]，管氏亦树塞门；邦君为两君之好有反坫[5]，管氏亦有反坫。管氏而知礼，孰不知礼？”

【注释】

①管仲：姓管，名夷吾。春秋时期齐桓公的宰相，辅助齐桓公成为诸侯霸主。

②三归：相传是三处藏钱币的府库。

③摄：兼职。

④塞门：用以隔开内外的照壁。

⑤反坫（diàn）：坫，古代君主举行宴会时，放置酒具的土台，位于堂上两楹之间。献过酒后，将酒杯放回坫上，称为反坫。

【译文】

孔子说：“管仲的器量真是太小了！”有人问：“管仲节俭吗？”孔子说：“他有三处藏钱币的府库，手下的人员也是一人一职而不兼任，怎么谈得上节俭呢？”又问：“那么管仲知礼吗？”孔子说：“国君宫殿门口设立照壁，管仲在门口也设立照壁；国君为同别国国君交好，设立放回酒具的土台，管仲也有这样的土台。如果说管仲知礼，那么还有谁不知礼呢？”

3.23　**子语[1]鲁大师[2]乐，曰：“乐其可知也：始作，翕[3]如也；从[4]之，纯如也，皦[5]如也，绎[6]如也，以成。”**

【注释】

①语（yù）：告诉。

②大（tài）师：乐官之长。

④翕（xī）：合、聚、盛貌。

④从（zòng）：通“纵”，放纵、展开。

⑤皦（jiǎo）：音节分明，乐调明快。

⑥绎：乐音绵延不断，余音绕梁。

【译文】

孔子告诉鲁国乐官音乐演奏的道理，说：“音乐之理是可以知道的：开始演奏，各种乐器合奏，乐声盛大而热烈；继续展开下去，乐调清纯和谐，明快清晰，绵延不绝，然后结束。”

3.24　**仪封人[1]请见，曰：“君子之至于斯也，吾未尝不得见也。”从者见之。出曰：“二三子何患于丧乎？天下之无道也久矣，天将以夫子为木铎[2]。”**

【注释】

①仪封人：仪为地名，在今河南兰考县境内。封人，管理边境的长官。

②木铎：木舌的铜铃。古代天子发布政令时摇动它以召集众人。

【译文】

仪地的长官求见孔子，说道：“凡是君子来到这里，我从来没有见不到的。”孔子的随从学生引他去见了孔子。他出来后说：“你们为何为没有官位而担忧呢？天下无道已经很久了，上天将要以孔夫子作为号令百姓的木铎。”

3.25 子谓《韶》[①]：“尽美矣，又尽善也。”谓《武》[②]：“尽美矣，未尽善也。”

【注释】

①《韶》：相传是古代歌颂舜的一种乐曲名。

②《武》：相传是古代歌颂周武王的一种乐曲名。舜位是尧禅让而得，周武王之位是伐纣灭商而得，使用了武力征伐，所以孔子认为未尽善。

【译文】

孔子评论《韶》说：“美极了，又好极了。”评论《武》说：“美极了，但还不够好。”

3.26 子曰：“居上不宽，为礼不敬，临丧不哀，吾何以观之哉？”

【译文】

孔子说：“身居上位而不宽厚，举行礼仪而不恭敬，参加丧礼而不悲哀，这种情况我怎么看得下去呢？”

里仁篇第四

4.1　子曰："里[1]仁为美，择不处仁，焉得知[2]？"

【注释】

①里：居住地，此处为动词，意为居住。古代五家为邻，五邻为里。

②知：通"智"。

【译文】

孔子说："居住在仁德之地是美好的。选择的住处不是仁德之处，怎么算是明智的呢？"

4.2　子曰："不仁者不可以久处约[1]，不可以长处乐。仁者安仁，知者利仁。"

【注释】

①约：穷困、困顿。

【译文】

孔子说："没有仁德的人不能长久地处在困顿中，也不能长久地处在安乐中。有仁德的人安于实行仁德，明智的人在实行仁德中获得利益。"

4.3　子曰："唯仁者能好人，能恶人。"

【译文】

孔子说："只有那些有仁德的人，才能知道如何正确地喜好人，正确地厌恶人。”

4.4　**子曰：“苟志于仁矣，无恶也。”**

【译文】

孔子说：“如果立志于行仁，就不会有什么恶行了。”

4.5　**子曰：“富与贵，是人之所欲也，不以其道得之，不处也；贫与贱，是人之所恶也，不以其道得之，不去也。君子去仁，恶乎[①]成名？君子无终食之间违仁，造次[②]必于是，颠沛必于是。”**

【注释】

①恶（wū）乎：怎样、怎么能够。

②造次：仓促、紧急。

【译文】

孔子说：“富有和尊贵，是人人都想得到的，但不用正当的方法得到它，君子就不会接受；贫穷与卑贱，是人人都厌恶的，但不用正当的方法去摆脱它，君子也不会做。君子抛弃了仁德，怎么能成就美名呢？君子不会在哪怕一顿饭的时间里背离仁德，仓促紧急的时候必定是这样，颠沛流离的时候也必定是这样。”

4.6　**子曰：“我未见好仁者，恶不仁者。好仁者，无以尚之；恶不仁者，其为仁矣，不使不仁者加乎其身。有能一日用其力于仁矣乎？我未见力不足者。盖有之矣，我未之见也。”**

【译文】

孔子说：“我没有见过真正爱好仁德的人，真正厌恶不仁的人。爱好仁德的人，没有比这更好的了；厌恶不仁的人，他实行仁德，目的是不使不仁德的事情影响自己。有谁能一天都尽其力在行仁上吗？我没见过这样的人力量会不足的。或许有这样的人，只是我没见过。”

4.7　子曰：“**人之过也，各于其党[①]。观过，斯知仁[②]矣。**”

【注释】

①党：类、类别。

②仁：通“人”。

【译文】

孔子说：“人的过错，各有不同的类别。观察一个人所犯的过错，便可以知道他是什么人了。”

4.8　子曰：“**朝闻道，夕死可矣。**”

【译文】

孔子说：“早上领悟了真理，即使晚上死去也值得了。”

4.9　子曰：“**士志于道，而耻恶衣恶食者，未足与议也。**”

【译文】

孔子说：“士人立志于行道，但又以穿破旧衣服、吃粗粮淡饭为耻，这种人不值得与他谈学论道。”

4.10　子曰：“君子之于天下也，无适也，无莫也，义之与比。”

【译文】

孔子说：“君子对于天下的事，没有必须怎么样，也没有必须不怎么样，一切都只按照仁义的规定为依据。”

4.11　子曰：“君子怀德，小人怀土；君子怀刑，小人怀惠。”

【译文】

孔子说：“君子怀思的是德行，小人怀思的是田土；君子顾念的是法度，小人一心想的是个人利益。”

4.12　子曰：“放[①]于利而行，多怨。”

【注释】

①放（fǎng）：通“仿”，仿效，引申为追逐。

【译文】

孔子说：“只为追逐利益而行事，就会招致很多怨恨。”

4.13　子曰：“能以礼让为国乎，何有？不能以礼让为国，如礼何？”

【译文】

孔子说：“能以礼让来治理国家，为官执政还有什么困难呢？不能以礼让来治理国家，又怎样能推行礼呢？”

4.14　子曰：“不患无位，患所以立；不患莫己知，求为

可知也。”

【译文】

孔子说："不担忧没有职位，而应担忧没有所以立身的本领；不担忧没有人了解自己，而应求得有德行和才能，足以使人知晓。”

4.15　子曰："参乎！吾道一以贯之。”曾子曰："唯。”子出，门人问曰："何谓也？”曾子曰："夫子之道，忠恕而已矣。”

【译文】

孔子说："曾参啊，我的道有一个中心贯穿其中。”曾子说："是。”孔子出去后，弟子们便问曾子："这是什么意思？”曾子说："老师的道，就是忠、恕而已。”

4.16　子曰："君子喻于义，小人喻于利。”

【译文】

孔子说："君子通晓大义，而小人懂得的是利。”

4.17　子曰："见贤思齐焉，见不贤而内自省也。”

【译文】

孔子说："见到贤者，就应该向他看齐；见到不贤的人，就应该反省自身。”

4.18　子曰："事父母几①谏，见志不从，又敬不违，劳②而不怨。”

【注释】

①几（jī）：轻微，引申为委婉。

②劳：心忧、担忧。

【译文】

孔子说："侍奉父母，对他们的过错要委婉地劝说。看到自己的劝解他们不听从，仍然尊敬而不违抗他们，内心担忧而不怨恨。"

4.19　子曰："父母在，不远游，游必有方。"

【译文】

孔子说："父母在世，子女不应远离家乡，如果要出远门，也必须要有确定的去处。"

4.20　子曰："三年无改于父之道，可谓孝矣。"

【译文】

孔子说："如果多年都不改变父亲教导的正确的为人处世之道，就可以说是孝了。"

4.21　子曰："父母之年，不可不知也。一则以喜，一则以惧。"

【译文】

孔子说："父母的年龄，做子女的不能不知道。一方面为他们的长寿而高兴，一方面又为他们的衰老而忧惧。"

4.22　子曰："古者言之不出，耻躬之不逮[①]也。"

【注释】

①逮（dài）：及、达到、赶上。

【译文】

孔子说："古人不轻易把话说出口，是怕自己的行动做不到而感到羞耻。"

4.23 子曰："以约失之者，鲜矣。"

【译文】

孔子说："因为自我约束而在做人处事上有过失的，很少有。"

4.24 子曰："君子欲讷①于言而敏于行。"

【注释】

①讷（nè）：言语迟钝，此处为谨慎。

【译文】

孔子说："君子说话要谨慎迟缓，而行动要勤快敏捷。"

4.25 子曰："德不孤，必有邻。"

【译文】

孔子说："有道德的人不会孤单，必定会有志同道合的人做伴。"

4.26 子游曰："事君数①，斯辱矣；朋友数，斯疏矣。"

【注释】

①数（shuò）：屡次、频繁、繁琐。

【译文】

子游说：“事奉君主过于繁琐，就会招致侮辱；与朋友交往过于繁琐，就会遭到疏远。”

公冶长篇第五

5.1 子谓公冶长[①]："可妻也。虽在缧绁[②]之中，非其罪也。"以其子[③]妻之。

【注释】

①公冶长：孔子学生，姓公冶，名长，字子长。

②缧绁（léi xiè）：捆绑犯人用的绳索，这里借指牢狱。

③子：古时无论儿、女均称子，这里指女儿。

【译文】

孔子评论公冶长说："可以把女儿嫁给他。他虽然被关在牢狱里，但这并不是他的罪过。"于是把自己的女儿嫁给了他。

5.2 子谓南容[①]："邦有道，不废；邦无道，免于刑戮。"以其兄之子妻之。

【注释】

①南容：孔子学生，姓南宫，名适（kuò），字子容。

【译文】

孔子评论南容说："国家有道时，不会被弃用；国家无道时，可以免遭刑罚。"于是把兄长的女儿嫁给了他。

5.3 子谓子贱[①]："君子哉若人！鲁无君子者，斯焉取斯？"

【注释】

①子贱：孔子学生，姓宓（mì），名不齐，字子贱。

【译文】

孔子评论子贱说："这个人真是个君子呀！如果鲁国没有君子的话，他从哪里取得这样的好品德呢？"

5.4 子贡问曰："赐也何如？"子曰："女，器也。"曰："何器也？"曰："瑚琏①也。"

【注释】

①瑚琏：古代祭祀时盛粮食用的器具，饰以玉，是一种贵重的礼器。这里比喻子贡是可受器重的人。

【译文】

子贡问道："我这个人怎么样？"孔子说："你呀，好比一个器具。"子贡又问："是什么器具呢？"孔子说："瑚琏。"

5.5 或曰："雍①也仁而不佞②。"子曰："焉用佞？御人以口给，屡憎于人。不知其仁，焉用佞？"

【注释】

①雍：孔子学生，姓冉，名雍，字仲弓，在"四科十哲"中长于"德行"科。

②佞（nìng）：能言善辩。

【译文】

有人说："冉雍有仁德但不善辩。"孔子说："何必要能言善辩呢？靠伶牙俐齿来对付别人，常常招人厌烦。我不知道冉雍是不是称得上仁，但何必要能言善辩呢？”

5.6 子使漆雕开①仕。对曰：“吾斯之未能信。”子说。

【注释】

①漆雕开：孔子学生，姓漆雕，名开，字子开，一说字子若。

【译文】

孔子让漆雕开去做官。漆雕开回答说：“我对做官这件事还没有信心。”孔子听了很高兴。

5.7 子曰：“道不行，乘桴①浮于海。从我者，其由与！”子路闻之喜。子曰：“由也，好勇过我②，无所取材。”

【注释】

①桴（fú）：用来过河的小筏子。

②我：一说“我”为误笔，应为“义（義）”。

【译文】

孔子说：“如果我的主张行不通，我就乘上木筏子漂流海外。能跟从我的，大概只有仲由吧！”子路听到这话很高兴。孔子说：“仲由，好勇超过我，就是不知道如何裁夺事理。”

5.8 孟武伯问：“子路仁乎？”子曰：“不知也。”又问。子曰：“由也，千乘之国，可使治其赋也，不知其仁也。”

“求也何如？”子曰：“求也，千室之邑①，百乘之家，可使为之宰也，不知其仁也。”

“赤②也何如？”子曰：“赤也，束带立于朝，可使与宾客

言也，不知其仁也。”

【注释】

①邑：封地，分为公邑和采邑两种，公邑为诸侯封地，采邑为卿大夫封地（也称“家”）。

②赤：孔子学生，姓公西，名赤，字子华。

【译文】

孟武伯问：“子路有仁德吗？”孔子说：“不知道。”孟武伯又问。孔子说：“仲由嘛，在拥有一千辆兵车的大国，可以让他管理军事，不知道他是不是有仁德。”

孟武伯又问：“冉求怎么样？”孔子说：“冉求嘛，在一个有千户人家的公邑或有一百辆兵车的采邑，可以让他做长官，不知道他是不是有仁德。”

孟武伯又问：“公西赤又怎么样呢？”孔子说：“公西赤嘛，穿着礼服站在朝堂之上，可以让他接待贵宾，不知道他是不是有仁德。”

5.9　子谓子贡曰：“女与回也孰愈？”对曰：“赐也何敢望回？回也闻一以知十，赐也闻一以知二。”子曰：“弗如也，吾与女弗如也。”

【译文】

孔子对子贡说：“你与颜回，谁更强一些呢？”子贡回答说：“我怎么敢与颜回相比？颜回听到一件事就可以推知十件事，我知道一件事只能推知两件事。”孔子说：“是不如他呀，我与你都不如他。”

5.10　宰予昼寝。子曰：“朽木不可雕也，粪土之墙不可

杇[1]也，于予与何诛[2]！”子曰：“始吾于人也，听其言而信其行；今吾于人也，听其言而观其行。于予与改是。”

【注释】

①杇（wū）：抹墙用的抹子。这里指用抹子粉饰墙壁。

②诛：求、责备。

【译文】

宰予白天睡觉。孔子说：“腐朽的木头无法雕刻，粪土垒的墙壁无法粉刷，对宰予有什么可责备的呢！”孔子说：“起初我对于人，是听了他说的话便相信他的行为；现在我对于人，听了他说的话还要观察他的行为。是宰予使我改变了态度。”

5.11 子曰：“吾未见刚者。”或对曰：“申枨[1]。”子曰：“枨也欲，焉得刚？”

【注释】

①申枨（chéng）：孔子学生，姓申，名枨，字周，鲁国人。

【译文】

孔子说：“我没有见过刚毅不屈的人。”有人回答说：“申枨是这种人。”孔子说：“申枨有太多欲望，怎么能刚毅不屈呢？”

5.12 子贡曰：“我不欲人之加诸我也，吾亦欲无加诸人。”子曰：“赐也，非尔所及也。”

【译文】

子贡说：“我不愿意别人强加于我的事，我也不愿意强加给别人。”孔子说：“赐呀，这不是你所能做到的。”

5.13 子贡曰："夫子之文章，可得而闻也；夫子之言性与天道，不可得而闻也。"

【译文】

子贡说："老师关于文献典籍的学问，可以听得到；老师关于人性和天道的理论，就听不到了。"

5.14 子路有闻，未之能行，唯恐有闻。

【译文】

子路听到一条道理，在还没有实践的时候，唯恐又听到新的道理。

5.15 子贡问曰："孔文子[①]何以谓之'文'也？"子曰："敏而好学，不耻下问，是以谓之'文'也。"

【注释】

①孔文子：卫国大夫孔圉（yǔ），辅佐卫灵公，"文"为其谥号。

【译文】

子贡问道："为什么称孔文子为'文'呢？"孔子说："聪敏勤勉而好学，不以向不如自己的人请教为耻，所以称他为'文'。"

5.16 子谓子产[①]："有君子之道四焉：其行己也恭，其事上也敬，其养民也惠，其使民也义。"

【注释】

①子产：姓公孙，名侨，字子产，郑穆公的孙子，为春秋时郑国的贤相。

【译文】

孔子评论子产说："他有四种合乎君子的德行：他自己行为庄重，他事奉君主恭敬，他养护百姓有恩惠，他役使百姓合乎道义。"

5.17　子曰："晏平仲①善与人交，久而敬之。"

【注释】

①晏平仲：齐国大夫，姓晏，名婴，字仲，"平"为其谥号。

【译文】

孔子说："晏平仲善于与人交往，交往越久别人越尊敬他。"

5.18　子曰："臧文仲①居蔡②，山节藻棁③，何如其知也？"

【注释】

①臧文仲：春秋时期鲁国大夫，姓臧孙，名辰，"文"为其谥号。

②蔡：用以占卜的大龟。因蔡这个地方产龟，所以把大龟叫"蔡"。

③山节藻棁（zhuō）：节，柱上的斗拱。棁，房梁上的短柱。把斗拱雕成山形，在棁上绘以水草花纹，是天子宗庙的装饰。臧文仲滥用，是僭越天子庙饰。

【译文】

孔子说："臧文仲居所养着大龟，屋子斗拱雕成山形，短柱上绘以藻纹，他的聪明智慧怎么样呢？"

5.19　子张问曰："令尹子文①三仕为令尹，无喜色；三已之，无愠色。旧令尹之政，必以告新令尹。何如？"子曰："忠矣。"曰："仁矣乎？"曰："未知。焉得仁？"

“崔子[2]弑齐君，陈文子[3]有马十乘，弃而违之。至于他邦，则曰：‘犹吾大夫崔子也。’违之。之一邦，则又曰：‘犹吾大夫崔子也。’违之。何如？”子曰：“清矣。”曰：“仁矣乎？”曰：“未知。焉得仁？”

【注释】

①令尹子文：令尹，楚国的官名，相当于宰相。子文即斗谷（gòu）於菟（wū tú），是楚国的著名宰相，字子文。

②崔子：又称崔杼（zhù），齐国大夫，曾杀死齐庄公。

③陈文子：齐国大夫，名须无，“文”为其谥号。

【译文】

子张问：“令尹子文几次做楚国宰相，没有喜颜悦色；几次被罢免，也没有怨怒的样子。每次都把自己任令尹时的政事，必定全部告诉新接任的令尹。这个人怎么样？”孔子说：“可算是忠了。”子张问：“算得上仁了吗？”孔子说：“不知道。怎么能算仁呢？”

子张又问：“崔杼杀了他的国君齐庄公，陈文子有马四十匹，却舍弃不要离开了齐国。到了另一个国家，他说：‘这里的执政者也像齐国大夫崔子一样。’又离开了。到了另一个国家，又说：‘这里的执政者也像齐国大夫崔子一样。’又离开了。这个人怎么样？”孔子说：“可算是清白了。”子张说：“算得上仁了吗？”孔子说：“不知道。怎么能算仁呢？”

5.20　季文子[1]三思而后行。子闻之，曰：“再，斯可矣。”

【注释】

①季文子：鲁国大夫季孙行父，“文”为其谥号。

【译文】

季文子遇事都要思考多次后才行动。孔子听到这种情况，说:“思考两次，就可以了。”

5.21 子曰：“宁武子[①]，邦有道则知，邦无道则愚。其知可及也，其愚不可及也。”

【注释】

①宁武子：春秋中期卫国大夫，姓宁，名俞，“武”为其谥号。

【译文】

孔子说：“宁武子这个人，当国家太平清明时就显得明智，当国家混乱无道时就假装愚钝。他的那种聪明别人可以做得到，他的那种假装愚钝别人就做不到了。”

5.22 子在陈[①]，曰：“归与！归与！吾党之小子[②]狂简[③]，斐然成章，不知所以裁之。”

【注释】

①陈：春秋时国名。孔子周游列国，曾困于陈、蔡之间。

②吾党之小子：吾党，我的故乡、乡党。小子，指孔子在鲁国的学生。

③狂简：激进、狂傲不羁。

【译文】

孔子在陈国，说：“回去吧！回去吧！我的那些学生激进狂傲，文彩斐然可观，真不知道该怎样教导他们。”

5.23　子曰："伯夷、叔齐[①]不念旧恶，怨是用希。"

【注释】

①伯夷、叔齐：殷商时期孤竹君的两个儿子。父亲死后，二人互相让位，皆不就，后都逃到周文王那里。周武王起兵伐纣，他们认为这是以臣弑君，曾加以拦阻。周灭商后，他们以吃周朝的粮食为耻，不食周粟，最后饿死在首阳山中。

【译文】

孔子说："伯夷、叔齐不记过去的仇恶，怨恨也就很少了。"

5.24　子曰："孰谓微生高[①]直？或乞醯[②]焉，乞诸其邻而与之。"

【注释】

①微生高：姓微生，名高，鲁国人。《庄子·盗跖》记载了尾生（即微生）守信的故事。相传他与一女子相约于桥下，女子未来，他一直等着，水涨也不肯离去，最终被淹死。

②醯（xī）：醋。

【译文】

孔子说："谁说微生高直爽？有人向他讨点醋，他不直接说没有，而到邻居家借了给人家。"

5.25　子曰："巧言、令色、足恭，左丘明[①]耻之，丘亦耻之。匿怨而友其人，左丘明耻之，丘亦耻之。"

【注释】

①左丘明：本名丘明，因其先祖曾任楚国左史官，故世称"左丘

明”，春秋时期鲁国史学家。

【译文】

孔子说：“花言巧语，容颜伪善，过分恭顺，左丘明以为可耻，我也以为可耻。把怨恨藏匿在心里，而表面上与其交朋友，左丘明以为可耻，我也以为可耻。”

5.26 颜渊、季路侍。子曰：“盍[1]各言尔志？”

子路曰：“愿车马衣轻裘与朋友共，敝之而无憾。”

颜渊曰：“愿无伐善[2]，无施劳[3]。”

子路曰：“愿闻子之志。”子曰：“老者安之，朋友信之，少者怀之。”

【注释】

①盍（hé）：何不。

②伐善：夸耀自己的长处。伐，自我夸耀。

③施劳：夸大自己的功劳。施，夸大。

【译文】

颜渊、子路两人侍立在孔子身边。孔子说：“何不各自说说自己的志向？”

子路说：“愿意把车马、衣服、皮袍与朋友共用，用坏了也没有遗憾抱怨。”

颜渊说：“我愿意不炫耀自己的长处，不夸大自己的功劳。”

子路说：“希望听听您的志向。”孔子说：“让老人安顿享乐，让朋友相互信任，让年轻人得到关怀。”

5.27　子曰："已矣乎！吾未见能见其过而内自讼者也。"

【译文】

孔子说："算了吧！我还没有见到过能够发现自己的过错而且自我责备的人。"

5.28　子曰："十室之邑，必有忠信如丘者焉，不如丘之好学也。"

【译文】

孔子说："只有十户人家的小地方，必定有像我这样忠信的人，只是没有比我更好学的人。"

雍也篇第六

6.1　子曰："雍也可使南面[①]。"

【注释】

①南面：面南。古代以面向南为尊位，这里意为当官治理国家。

【译文】

孔子说："冉雍，可以让他去做官。"

6.2　仲弓问子桑伯子。子曰："可也，简。"仲弓曰："居敬而行简，以临其民，不亦可乎？居简而行简，无乃大简乎？"子曰："雍之言然。"

【译文】

仲弓问子桑伯子这个人怎么样。孔子说："还可以，办事简要而不繁琐。"仲弓说："平时心存恭敬严肃而行事又简要不繁，这样来治理百姓，不就可以吗？平时心存马虎简慢而行事，又草率简单，岂不是太简单了吗？"孔子说："冉雍说得对。"

6.3　哀公问："弟子孰为好学？"孔子对曰："有颜回者好学，不迁怒，不贰过，不幸短命死矣。今也则亡，未闻好学者也。"

【译文】

鲁哀公问道："你的学生中谁最好学？"孔子回答说："有一个叫

颜回的学生好学，他从不迁怒于别人，从不犯同样的过错，不幸短命死了。现在没有了，未听说有好学的了。”

6.4 子华使于齐，冉子为其母请粟。子曰：“与之釜[①]。”请益。曰：“与之庾[②]。”冉子与之粟五秉[③]。子曰：“赤之适齐也，乘肥马，衣轻裘。吾闻之也，君子周急不继富。”

【注释】

①釜：古代计量单位，一釜约为一斗二升八合。

②庾：古代计量单位，一庾约为四升八合。

③秉：古代计量单位，十六斛为一秉。

【译文】

公西子华出使齐国,冉子为他的母亲请求补助一些小米。孔子说：“给她一釜。”冉子请求再增加一些。孔子说：“再给她一庾。”冉子却给了她五秉。孔子说：“公西子华到齐国去，乘坐着肥马驾的车子，穿着暖和轻便的皮袍。我听说过，君子只周济急需救济的人，而不是给富人增加财富。”

6.5 原思为之宰[①]，与之粟九百，辞。子曰：“毋，以与尔邻里乡党乎！”

【注释】

①原思：孔子学生，姓原，名宪，字子思，鲁国人。孔子在鲁国任大司寇时，原思曾做他的家宰。

【译文】

原思任孔子家的总管，孔子给他小米九百斗作为俸禄，原思推辞不要这么多。孔子说："不要推辞，把它分给你的邻里乡亲吧！"

6.6　子谓仲弓，曰："犁牛之子骍[①]且角，虽欲勿用，山川[②]其舍诸？"

【注释】

①骍（xīng）：红色。古时祭祀选用红色皮毛、角长得端正的牛作为祭祀用牛。

②山川：山川之神，此处喻指统治者。

【译文】

孔子评论仲弓，说："耕牛的牛犊长着红色的毛和端正的角，人们虽然不想用它做祭品，但山川之神会舍弃它吗？"

6.7　子曰："回也，其心三月不违仁，其余则日月至焉而已矣。"

【译文】

孔子说："颜回啊，他的心可以长久地不背离仁德，其余的人则只能在短时间内做到仁罢了。"

6.8　季康子问："仲由可使从政也与？"子曰："由也果，于从政乎何有？"

曰："赐也可使从政也与？"曰："赐也达，于从政乎何有？"

曰："求也可使从政也与？"曰："求也艺，于从政乎何有？"

【译文】

季康子问："仲由，可以让他从政吗？"孔子说："仲由做事果敢，对于从政有什么困难呢？”

季康子又问：“端木赐，可以让他从政吗？”孔子说：“端木赐通达事理，对于从政有什么困难呢？”

季康子又问:“冉求,可以让他从政吗？”孔子说:“冉求多才多艺，对于从政有什么困难呢？”

6.9 季氏使闵子骞[①]为费[②]宰。闵子骞曰：“善为我辞焉。如有复我者，则吾必在汶上[③]矣。”

【注释】

①闵子骞:孔子学生,姓闵,名损,字子骞,鲁国人,在“四科十哲”中长于“德行”科。

②费（bì）:季氏的封邑，在今山东费县西北一带。

③汶上：水名，今山东大汶河，古时流经齐、鲁之间。

【译文】

季氏派人请闵子骞去做费邑的长官。闵子骞说：“请好言为我推辞了吧。如果再来找我，那我必定跑到汶水以北去了。”

6.10 伯牛[①]有疾，子问之，自牖[②]执其手，曰：“亡之，命矣夫！斯人也而有斯疾也！斯人也而有斯疾也！”

【注释】

①伯牛:孔子学生，姓冉，名耕，字伯牛，鲁国人，在“四科十哲”中长于“德行”科。

②牖（yǒu）:窗户。

【译文】

伯牛有病，孔子去探望慰问他，从窗户外面握着他的手，说:“他要死了，这是命啊！这样的人竟会得这样的病啊！这样的人竟会得这样的病啊！”

6.11　子曰：“贤哉，回也！一箪[①]食，一瓢饮，在陋巷，人不堪其忧，回也不改其乐。贤哉，回也！”

【注释】

①箪（dān）：古代盛饭用的竹器。

【译文】

孔子说：“贤德啊，颜回！一箪饭，一瓢水，住在简陋的巷子里，别人忍受不了这种穷困忧苦，颜回却不改变他的乐趣。贤德啊，颜回！”

6.12　冉求曰：“非不说子之道，力不足也。”子曰：“力不足者，中道而废。今女画[①]。”

【注释】

①画：通“划”，划定界限，这里指停止。

【译文】

冉求说：“我不是不喜欢老师的学问，而是能力不足。”孔子说：“能力不足的，就会半途而废。现在你是自己给自己划了界限停止不前。”

6.13　子谓子夏曰：“女为君子儒，无为小人儒。”

【译文】

孔子对子夏说："你要做君子型的儒者，不要做小人式的儒者。"

6.14　子游为武城宰。子曰："女得人焉耳乎？"曰："有澹台灭明①者，行不由径②，非公事，未尝至于偃之室也。"

【注释】

①澹（tán）台灭明：孔子学生，姓澹台，名灭明，字子羽。

②行不由径：原意为走路不走小径，这里指做事合乎正道。径，小路。

【译文】

子游做了武城的长官。孔子说："你求得人才了吗？"子游说："有一个叫澹台灭明的人，做事合乎正道，不是公事从不到我屋里来。"

6.15　子曰："孟之反①不伐，奔而殿，将入门，策其马，曰：'非敢后也，马不进也。'"

【注释】

①孟之反：即孟之侧，鲁国大夫。

【译文】

孔子说："孟之反不夸耀自己。兵败撤退的时候，他殿后掩护全军。快进城门时，他鞭打着自己的马说：'不是我敢于殿后，是马不前行。'"

6.16　子曰："不有祝鮀①之佞，而有宋朝②之美，难乎免于今之世矣。"

【注释】

①祝鮀（tuó）：字子鱼，卫国大夫，有口才，以能言善辩受到卫灵公重用。

②宋朝：宋国的公子朝，《左传》中曾记载他因美貌而惹起祸乱。

【译文】

孔子说："如果没有祝鮀那样的口才，而仅有宋朝的美貌，在当今世道也是难以免除祸害的。"

6.17　子曰："谁能出不由户，何莫由斯道也？"

【译文】

孔子说："谁能出屋而不经过门户？为什么没有人走我所提倡的这条道呢？"

6.18　子曰："质胜文则野，文胜质则史。文质彬彬，然后君子。"

【译文】

孔子说："质朴胜于文采就会粗野，文采胜于质朴就会虚浮。文采和质朴相得益彰，才称得上君子。"

6.19　子曰："人之生也直，罔之生也幸而免。"

【译文】

孔子说："人的生存是靠正直，不正直的人生存下来是因为侥幸避免了灾祸。"

6.20　子曰：“知之者不如好之者，好之者不如乐之者。”

【译文】

孔子说：“对任何学问或事物，知道它的人不如爱好它的人，爱好它的人不如以它为乐的人。”

6.21　子曰：“中人以上，可以语上也；中人以下，不可以语上也。”

【译文】

孔子说：“中等以上才智的人，可以告诉他高深的学问；中等以下才智的人，不可以告诉他高深的学问。”

6.22　樊迟问知。子曰：“务民之义，敬鬼神而远之，可谓知矣。”问仁。曰：“仁者先难而后获，可谓仁矣。”

【译文】

樊迟问怎样才算是明智。孔子说：“使人民做事合乎道义，敬畏鬼神而远离他们，就可以算是明智了。”又问怎样才算是仁德。孔子说：“仁德的人遇到困难冲在前，而在收获时又站在后，就可以算是仁德了。”

6.23　子曰：“知者乐①水，仁者乐山；知者动，仁者静；知者乐，仁者寿。”

【注释】

①乐：喜爱。

【译文】

孔子说："有智慧的人喜爱水，有仁德的人喜爱山；有智慧的人好动，有仁德的人好静；有智慧的人快乐，有仁德的人长寿。"

6.24 子曰："齐一变，至于鲁；鲁一变，至于道。"

【译文】

孔子说："齐国一变革，便达到鲁国礼乐之邦的样子；鲁国一变革，就可以达到先王之道了。"

6.25 子曰："觚①不觚，觚哉！觚哉！"

【注释】

①觚（gū）：古代盛酒的器具，上圆下方，喇叭口，有棱。后来觚的形状改变为圆形，没有棱了，所以孔子认为觚不像觚。这里意喻当时君不君、臣不臣、父不父、子不子的失道现象。

【译文】

孔子说："觚不像觚样了，还能算是觚吗！还能算是觚吗！"

6.26 宰我问曰："仁者，虽告之曰：'井有仁焉。'其从之也？"子曰："何为其然也？君子可逝也，不可陷也；可欺也，不可罔也。"

【译文】

宰我问道："对于有仁德的人，假如告诉他：'井中有仁。'他会为求仁而跳下去吗？"孔子说："为什么要这样做呢？仁者可以为求仁而死，但不可被陷害；可以被欺骗，但不可被愚弄。"

6.27　子曰："君子博学于文，约之以礼，亦可以弗畔[①]矣夫。"

【注释】

① 畔：通"叛"，背叛。

【译文】

孔子说："君子博学文化典籍，以礼来约束自己，也就可以不离经叛道了。"

6.28　子见南子[①]，子路不说。夫子矢[②]之曰："予所否者，天厌之！天厌之！"

【注释】

①南子：卫国灵公夫人，当时把持着卫国朝政，据传有淫乱行为。

②矢：通"誓"，发誓。

【译文】

孔子去见南子，子路不高兴。孔子对此发誓说："如果我做了什么不正当的事，让上天厌弃我吧！让上天厌弃我吧！"

6.29　子曰："中庸之为德也，其至矣乎！民鲜久矣。"

【译文】

孔子说："中庸作为一种道德，算是极高的了！民众很少能达到这种境界已经很久了。"

6.30　子贡曰："如有博施于民而能济众，何如？可谓仁乎？"子曰："何事于仁，必也圣乎！尧、舜其犹病[①]诸！夫仁者，

己欲立而立人，己欲达而达人。能近取譬[2]，可谓仁之方也已。”

【注释】

①病：以为不足、感到缺憾。

②近取譬：联系身边的事物、例子。

【译文】

子贡说：“如果一个人能博施恩惠于民而且能周济大众，怎么样？可以算是仁了吗？”孔子说：“岂止是仁，一定是圣人了！这方面就连尧、舜都感到有所不足！所谓仁人，自己想有所成就，也要帮助别人有所成就；自己想通达，也要帮助别人通达。能够联系自身而推己及人，可以说就是实行仁的方法了。”

述而篇第七

7.1 子曰：“述而不作，信而好古，窃比于我老彭①。”

【注释】

①老彭：古之贤者。一说彭祖。

【译文】

孔子说：“传述继承而不创作发明，相信而且喜好古代文化，我私下自比为老彭。”

7.2 子曰：“默而识①之，学而不厌，诲人不倦，何有于我哉？”

【注释】

①识（zhì）：记住。

【译文】

孔子说：“把学习的东西默默记住，勤奋学习不觉得满足，努力教诲别人不知道疲倦，这对我来说有什么困难呢？”

7.3 子曰：“德之不修，学之不讲，闻义不能徙，不善不能改，是吾忧也。”

【译文】

孔子说：“不修养德行，不探求学问，听到正义不能趋而从之，不好的毛病不能改正，这些都是我所担忧的。”

7.4 子之燕居①，申申②如也，夭夭③如也。

【注释】

①燕居：闲居。古人退朝而处为燕居。

②申申：心和的样子。

③夭夭：色悦的样子。

【译文】

孔子退朝闲居，一副内心舒畅、面色和悦的样子。

7.5 子曰："甚矣吾衰也，久矣吾不复梦见周公①！"

【注释】

①周公：姓姬，名旦，周文王的儿子，周武王的弟弟，周成王的叔父，西周礼乐制度的制定者，孔子所崇拜的"圣人"之一，被后世称为"元圣"。唐宋之前多把周公、孔子并称"周孔"。

【译文】

孔子说："我衰老得很厉害了，已经好久没有梦见周公了！"

7.6 子曰："志于道，据于德，依于仁，游于艺。"

【译文】

孔子说:"立志于道，据守于德，依靠于仁，活动于'六艺'中。"

7.7 子曰："自行束脩①以上，吾未尝无诲焉。"

【注释】

①束脩（xiū）：主要有两说：一说十条干肉的微薄之礼；一说束带修饰，扎起头发。古代满 15 岁，行束脩之礼以入学。此处取

后者。

【译文】

孔子说:“凡到了一定年龄束带修饰的人，我没有不加以教诲的。”

7.8　子曰:“不愤不启，不悱[1]不发。举一隅[2]不以三隅反，则不复也。”

【注释】

①悱(fěi):想说又不能明确说出来的样子。

②隅:角落，意指方面。

【译文】

孔子说:“教导学生，不到他急着想知道而不得时就不去开导他，不到他想说却表达不出来时就不去启发他。不能举一反三，我就不再重复教他了。”

7.9　子食于有丧者之侧，未尝饱也。

【译文】

孔子在有丧事的人旁边吃饭，未曾吃饱过。

7.10　子于是日哭，则不歌。

【译文】

孔子如果在这一天吊丧哭过，就不再歌唱。

7.11　子谓颜渊曰:“用之则行，舍之则藏，惟我与尔有是夫!”子路曰:“子行三军，则谁与?”子曰:“暴虎[1]冯河[2],

死而无悔者，吾不与也。必也临事而惧[3]，好谋而成者也。”

【注释】

①暴虎：徒手搏虎。

②冯（píng）河：无船而徒步过河。

③惧：谨慎小心，即所谓“战战兢兢，如临深渊，如履薄冰”。

【译文】

孔子对颜渊说：“如果任用我就施展才能，不用我就退隐，只有我和你才能做到这样！”子路说：“老师如果行军打仗，那么您会带谁去呢？”孔子说：“徒手搏虎，徒步过河，死而无悔的人，我是不会和他同往的。我要找的，一定要是遇事小心谨慎，善于谋划而能完成任务的人。”

7.12 子曰：“富而可求也，虽执鞭之士，吾亦为之。如不可求，从吾所好。”

【译文】

孔子说：“如果财富可以道义求得，即使是执鞭驾车这样的低等差事，我也愿意去做。如果不可以道义求得，那就按我的爱好去行事。”

7.13 子之所慎：齐[1]，战，疾。

【注释】

①齐：通“斋”，斋戒。古人祭祀前要斋戒以示虔诚。

【译文】

孔子所慎重对待的事情有：斋戒、战争、疾病。

7.14　子在齐闻《韶》，三月不知肉味，曰："不图为乐之至于斯也。"

【译文】

孔子在齐国听了《韶》乐，很长时间食肉而不知其味，说："没想到音乐能达到这样的境界。"

7.15　冉有曰："夫子为①卫君②乎？"子贡曰："诺，吾将问之。"

入，曰："伯夷、叔齐何人也？"曰："古之贤人也。"曰："怨乎？"曰："求仁而得仁，又何怨！"出，曰："夫子不为也。"

【注释】

①为：帮助，为其干事。

②卫君：卫出公辄，是卫灵公的孙子。他的父亲蒯（kuǎi）聩因谋杀南子而被卫灵公驱逐出国。灵公死后，辄被立为国君，其父回国与他争位。

【译文】

冉有说："老师会帮助卫君吗？"子贡说："好，我去问问他。"

子贡进入孔子屋内，问："伯夷、叔齐是什么样的人呢？"孔子说："古代的贤人。"又问："他们有怨恨吗？"孔子说："他们求仁而得到了仁，又有什么怨恨！"子贡出来，说："老师不会帮助卫君。"

7.16　子曰："饭疏食，饮水，曲肱而枕之，乐亦在其中矣。不义而富且贵，于我如浮云。"

【译文】

孔子说:“吃粗粮,喝冷水,弯着胳膊当枕头,快乐也就在其中了。用不义手段得来的财富与地位,对于我来说就像浮云。”

7.17 子曰:“加我数年,五十以学《易》,可以无大过矣。”

【译文】

孔子说:“让我多活几年,从五十岁学习《易》,就可以没有大的过错了。”

7.18 子所雅言[①],《诗》《书》、执礼,皆雅言也。

【注释】

①雅言:古人已经十分重视各地方言的统一,于是出现了“雅言”。“雅言”就是中国古代最早的通用语,即现在所说的普通话。

【译文】

孔子有用普通话的时候,诵《诗经》、读《尚书》和执行礼仪,都是用普通话。

7.19 叶公[①]问孔子于子路,子路不对。子曰:“女奚不曰,其为人也,发愤忘食,乐以忘忧,不知老之将至云尔。”

【注释】

①叶(shè)公:姓沈,名诸梁,楚国大夫,封地在叶城(今河南叶县南),所以叫叶公。

【译文】

叶公向子路问孔子是个什么样的人,子路不答。孔子对子路说:

“你为什么不这样说，他这个人，发愤用功连吃饭都忘了，快乐起来便忘记了忧愁，自己快要老了都不知道，如此而已。”

7.20　子曰：“我非生而知之者，好古，敏以求之者也。”

【译文】

孔子说：“我不是生来就有知识的人，而是爱好古代文化，勤奋敏捷地去求得知识的人。”

7.21　子不语怪、力、乱、神。

【译文】

孔子不谈论怪异、勇力、悖乱、鬼神。

7.22　子曰：“三人行，必有我师焉。择其善者而从之，其不善者而改之。”

【译文】

孔子说：“几个人同行，必定有我可以师从的。选取他们善的方面跟着做，对他们不善的方面自己也要注意。”

7.23　子曰：“天生德于予，桓魋[①]其如予何？”

【注释】

①桓魋（tuí）：宋国司马向魋，因为是宋桓公的后代，所以又叫桓魋。孔子周游列国，途经宋国时，桓魋欲杀孔子。

【译文】

孔子说：“上天降德行于我，桓魋能把我怎么样？”

7.24 子曰："二三子以我为隐乎？吾无隐乎尔。吾无行而不与二三子者，是丘也。"

【译文】

孔子说："你们这些学生以为我有什么隐瞒的吗？我对你们丝毫没有隐瞒的。我没有任何行事不向你们公开的，这就是我孔丘的为人。"

7.25 子以四教：文、行、忠、信。

【译文】

孔子从四个方面教导学生：学问、德行、忠实、诚信。

7.26 子曰："圣人，吾不得而见之矣；得见君子者，斯可矣。"子曰："善人，吾不得而见之矣；得见有恒者，斯可矣。亡而为有，虚而为盈，约而为泰，难乎有恒矣。"

【译文】

孔子说："圣人，我是不能见到了；能见到君子，就可以了。"孔子说："善人，我不能见到了；能见到有恒心的人，就可以了。没有却伪装有，空虚却伪装充实，穷困却伪装富足，这样的人是难有恒心的。"

7.27 子钓而不纲，弋①不射宿。

【注释】

①弋（yì）：用带线绳的箭射鸟。

【译文】

孔子钓鱼而不用网打鱼，射鸟不射归巢的鸟。

7.28 子曰："盖有不知而作之者，我无是也。多闻，择其善者而从之；多见而识之，知之次也[①]。"

【注释】

①知之次也：孔子认为，生而知之者，上也；学而知之者，次也。此处指学而知之。

【译文】

孔子说："大概有什么都不懂却能凭空创造的人，我不是这样。多听，选择其中好的来遵从；多看并且记住，这样的知是仅次于'生而知之'的。"

7.29 互乡[①]难与言，童子见，门人惑。子曰："与[②]其进也，不与其退也。唯何甚！人洁己以进，与其洁也，不保其往也。"

【注释】

①互乡：地名。现不知其详。

②与：赞成、肯定。

【译文】

互乡的人很难打交道，但那个地方的一个童子受到了孔子的接见，学生们都感到疑惑。孔子说："肯定他的进步，不赞成他的倒退。何必做得太过分！别人洁身自爱以求进步，我们肯定他洁身自爱的做法，而不要计较其过去。"

7.30　子曰："仁远乎哉？我欲仁，斯仁至矣！"

【译文】

孔子说："仁离我们很远吗？只要我想达到仁，仁就来了！"

7.31　陈司败[①]问："昭公[②]知礼乎？"孔子曰："知礼。"孔子退，揖巫马期[③]而进之，曰："吾闻君子不党，君子亦党乎？君取于吴，为同姓[④]，谓之吴孟子[⑤]。君而知礼，孰不知礼？"巫马期以告。子曰："丘也幸，苟有过，人必知之。"

【注释】

①陈司败：人名，一说齐国大夫，一说陈国大夫，官任司寇。

②昭公：鲁国君主，名裯（chóu），"昭"为其谥号。

③巫马期：孔子学生，姓巫马，名施，字子期。

④为同姓：鲁国和吴国的国君同姓姬。周礼规定，同姓不婚，而昭公娶同姓女，不合礼制。

⑤吴孟子：鲁昭公夫人。古时国君夫人的称号，一般是她出生的国名加上她的姓。但因昭公娶同姓为妻，因此讳称夫人为吴孟子，而不是吴姬。

【译文】

陈司败问："鲁昭公知礼吗？"孔子说："知礼。"孔子退出去后，陈司败向巫马期作了个揖，请他走近自己，说："我听说君子不会偏袒，难道君子也偏袒吗？鲁君在吴国娶了一个女子是同姓，因此讳称她为吴孟子。如果鲁君算是知礼，还有谁不知礼呢？"巫马期把这些话告诉了孔子。孔子说："我真是幸运，如果有错，人家一定会知道。"

7.32　子与人歌而善，必使反之，而后和之。

【译文】

孔子与别人一起唱歌，如果唱得好，一定请他再唱，然后自己跟着唱。

7.33　子曰:“文,莫吾犹人也。躬行君子,则吾未之有得。”

【译文】

孔子说:“学习文献知识,我和别人差不多。身体力行做一个君子,那我还没有做到。”

7.34　子曰:“若圣与仁，则吾岂敢！抑为之不厌，诲人不倦，则可谓云尔已矣。”公西子华曰:“正唯弟子不能学也。”

【译文】

孔子说:“如果说到圣与仁，我怎么敢当！不过是努力学习实践而不满足,教诲别人不知疲倦,只能说是如此罢了。”公西子华说:“这正是我们学不到的。”

7.35　子疾病，子路请祷。子曰:“有诸？”子路对曰:“有之。《诔①》曰:‘祷尔于上下神祇②。’”子曰:“丘之祷久矣。”

【注释】

①诔（lěi）: 祈祷文。

②神祇（qí）: 古代称天神为神，地神为祇。

【译文】

孔子病情严重，子路向神灵祈祷。孔子说:“有这回事吗？”子路回答说："有的。《诔》文上说：'为你向天地神灵祈祷。'"孔子说："我祈祷很久了。"

7.36　子曰："奢则不孙[①]，俭则固。与其不孙也，宁固。"

【注释】

①孙：通"逊"，谦逊。

【译文】

孔子说："奢侈了就不谦逊，节俭了就会固陋。与其不谦逊，宁肯固陋。"

7.37　子曰："君子坦荡荡，小人长戚戚。"

【译文】

孔子说："君子心胸坦荡，小人患得患失。"

7.38　子温而厉，威而不猛，恭而安。

【译文】

孔子温和而又严厉，威严而不凶猛，恭敬而又安详。

泰伯篇第八

8.1 子曰："泰伯①，其可谓至德也已矣！三以天下让，民无得而称焉。"

【注释】

①泰伯：又作太伯。周朝祖先古公亶（dǎn）父，有三子：泰伯、仲雍、季历。传说季历的儿子姬昌幼有圣瑞，古公亶父便想将王位传给三子季历，以便再传姬昌。泰伯知道父亲这一想法后，便同二弟仲雍出走至吴，从而使王位通过季历传给姬昌（即周文王），后再传至姬昌的儿子姬发（即周武王）。

【译文】

孔子说："泰伯，他可以称得上是品德极为高尚的人了！屡次把天下让给弟弟季历，老百姓都不知如何来称赞他。"

8.2 子曰："恭而无礼则劳，慎而无礼则葸①，勇而无礼则乱，直而无礼则绞②。君子笃于亲，则民兴于仁，故旧不遗，则民不偷③。"

【注释】

①葸（xǐ）：拘谨、畏缩的样子。

②绞：偏激、尖酸刻薄。

③偷：人情冷漠、淡薄。

【译文】

孔子说："恭敬而不以礼约束就会劳倦，谨慎而不以礼约束就会畏缩，勇猛而不以礼约束就会作乱胡为，直率而不以礼约束就会刻薄伤人。君子能厚待自己的亲属，老百姓就会走向仁德；能不遗弃故交旧友，老百姓就不会人情淡薄。"

8.3 曾子有疾，召门弟子曰："启予足！启予手！《诗》云：'战战兢兢，如临深渊，如履薄冰。'而今而后，吾知免夫①！小子！"

【注释】

①免夫：免于祸害刑戮。相传曾子作《孝经》说："身体发肤，受之父母，不敢毁伤。"保全身体是孝道的重要方面。因此，曾子将死，让人看看他手脚都完好无损。

【译文】

曾子有病了，召集学生说："看看我的脚！看看我的手！《诗经》说：'战战兢兢，如临深渊，如履薄冰。'从今以后，我知道自己可以免于刑戮毁伤了！弟子们！"

8.4 曾子有疾，孟敬子①问之。曾子言曰："鸟之将死，其鸣也哀；人之将死，其言也善。君子所贵乎道者三：动容貌，斯远暴慢矣；正颜色，斯近信矣；出辞气，斯远鄙倍②矣。笾豆之事③，则有司存。"

【注释】

①孟敬子：鲁国大夫仲孙捷，孟武伯之子。

②鄙倍：鄙，粗野。倍，通“背”，背理。

③笾（biān）豆之事：代指礼仪中的细节琐事。笾、豆都是古代祭祀用的器具。

【译文】

曾子有病，孟敬子前来看望。曾子说道：“鸟快死了，它的鸣叫是悲哀的；人快死了，他说的话是善意的。君子注重的道有三个方面：严肃自己的容貌，这样就可以远离粗暴轻慢；端正自己的脸色，这样就近于诚信；注意自己的言辞语调，就可以远离粗野无理。至于祭祀和礼仪细节的琐事，则有主管这些事务的官吏来负责。”

8.5　曾子曰：“以能问于不能，以多问于寡；有若无，实若虚；犯而不校①。昔者吾友尝从事于斯矣。”

【注释】

①校（jiào）：通“较”，计较。

【译文】

曾子说：“有能力却向没有能力的人请教，知识丰富却向知识少的人请教；有学问却像没有一样，充实却像虚无一样；被人冒犯而不计较。从前我的朋友（颜回）就这样做过了。”

8.6　曾子曰：“可以托六尺之孤①，可以寄百里之命②，临大节而不可夺也。君子人与？君子人也。”

【注释】

①托六尺之孤：六尺指十五岁以下，古人以七尺指成年。托孤，

受君主临终前的嘱托辅佐幼君。

②寄百里之命：指寄托国政。百里，方圆百里为古代小诸侯国封地的大小。

【译文】

曾子说：“可以把年幼的君主托付给他，可以把国家的政令委任给他，面临生死存亡关头而不动摇屈服。这样的人是君子吗？是君子啊。”

8.7　曾子曰：“士不可以不弘毅，任重而道远。仁以为己任，不亦重乎？死而后已，不亦远乎？”

【译文】

曾子说：“士人不可以没有恢弘的气度与刚毅的品格，因为他承担的责任重大而路途遥远。以实现仁德于天下为己任，这个担子不沉重吗？只到死时才停止脚步，这个路程还不遥远吗？”

8.8　子曰：“兴于《诗》，立于礼，成于乐。”

【译文】

孔子说：“人的修养开始于学《诗经》，自立于学礼，完成于学乐。”

8.9　子曰：“民可使，由之；不可使，知之。”

【译文】

孔子说：“老百姓如果听从，就顺从他们；如果不听从，就说明缺乏对他们的了解，就应该深入去了解民情、民性。”

8.10　子曰："好勇疾贫，乱也。人而不仁，疾之已甚，乱也。"

【译文】

孔子说："崇尚勇敢而厌恶贫困，就会作乱生事。对不仁之人憎恶过分，也会使他作乱生事。"

8.11　子曰："如有周公之才之美，使骄且吝，其余不足观也已。"

【译文】

孔子说："如果有周公那么完美的才能，但骄傲自大而又吝啬小气，那其他方面也就不值得一看了。"

8.12　子曰："三年学，不至于谷[①]，不易得也。"

【注释】

①谷：俸禄。

【译文】

孔子说："读书三年并未起做官的念头，这是难得的。"

8.13　子曰："笃信好学，守死善道，危邦不入，乱邦不居。天下有道则见，无道则隐。邦有道，贫且贱焉，耻也；邦无道，富且贵焉，耻也。"

【译文】

孔子说："坚定信念并努力学习，誓死守卫并完善治国与为人的大道。不进入政局不稳的国家，不居住在动乱的国家。天下有道就出来做官，天下无道就隐居不出。国家有道而自己贫贱，是耻辱；

国家无道而自己富贵，也是耻辱。”

8.14　子曰：“不在其位，不谋其政。”

【译文】

孔子说：“不在那个职位上，就不考虑那职位上的政事。”

8.15　子曰：“师挚之始①，《关雎》之乱②，洋洋乎盈耳哉！”

【注释】

①师挚之始：师挚，鲁国太师。“始”是乐曲的开端，即序曲。古代奏乐，开端叫“升歌”，一般由太师演奏，所以这里说是“师挚之始”。

②乱：乐曲的终了。

【译文】

孔子说：“从太师挚演奏的序曲开始，到演奏《关雎》最后的乐章，丰富而优美的音乐充盈于耳啊！”

8.16　子曰：“狂而不直，侗①而不愿，悾悾②而不信，吾不知之矣。”

【注释】

①侗（tóng）：幼稚无知。

②悾（kōng）悾：诚恳的样子。

【译文】

孔子说：“狂妄而不直率，无知而不老实，貌似诚恳却不诚信，我不知道该怎么办了。”

8.17　**子曰："学如不及，犹恐失之。"**

【译文】

孔子说："学习起来生怕赶不上，赶上了又担心被甩掉。"

8.18　**子曰："巍巍乎！舜禹之有天下也而不与焉。"**

【译文】

孔子说："舜和禹真是崇高啊！贵为天子，富有四海，却整年为百姓操劳，一点也不为自己。"

8.19　**子曰："大哉尧之为君也！巍巍乎，唯天为大，唯尧则之。荡荡乎，民无能名焉。巍巍乎其有成功也，焕乎其有文章！"**

【译文】

孔子说："尧这样的君主真伟大啊！多崇高啊！天最高大，只有尧才能效法天的高大。他的恩德多么广大啊，百姓们无法用言语来表达对他的称赞。他的功绩多么崇高，他制定的典章制度多么光辉啊！"

8.20　**舜有臣五人①而天下治。武王曰："予有乱臣②十人。"孔子曰："才难，不其然乎？唐虞之际③，于斯为盛。有妇人焉，九人而已。三分天下有其二④，以服事殷。周之德，其可谓至德也已矣。"**

【注释】

①舜有臣五人：传说是禹、稷、契（xiè）、皋陶（yáo）、伯益等人。

②乱臣：据《说文》记载："乱，治也。"此处所说的"乱臣"，应为"治国之臣"。

③唐虞之际：传说尧在位的时代叫唐，舜在位的时代叫虞。

④三分天下有其二：《逸周书·程典篇》说："文王合九州之侯，奉勤于商。"相传当时分九州，文王得六州，占三分之二。

【译文】

舜有五位贤臣就能治理好天下。周武王也说过："我有十位能治理国家的臣子。"孔子说："人才难得，难道不是这样吗？唐尧和虞舜之间及周武王这个时期，人才最为兴盛。但十位大臣当中有一位是妇人，实际上只有九位而已。周文王得了天下的三分之二，仍然事奉殷朝。周朝的德，可以说是最高的了。"

8.21　子曰："禹，吾无间然矣。菲饮食而致孝乎鬼神，恶衣服而致美乎黻冕①，卑宫室而尽力乎沟洫②。禹，吾无间然矣。"

【注释】

①黻冕（fú miǎn）：祭祀时穿的礼服叫黻，祭祀时戴的帽子叫冕。

②沟洫（xù）：沟渠。

【译文】

孔子说："对于禹，我没有什么可非议的。自己的饮食简单但祭祀鬼神的祭品很丰盛，自己的衣着简朴但祭祀的礼服很华美，自己的宫室简陋却尽力修治沟渠水利。对于禹，我没有什么可非议的。"

子罕篇第九

9.1　子罕言利，与①命，与仁。

【注释】

①与：赞许、认同。

【译文】

孔子很少谈到功利，相信命运，赞许仁德。

9.2　达巷党人曰："大哉孔子！博学而无所成名。"子闻之，谓门弟子曰："吾何执？执御乎？执射乎？吾执御矣。"

【译文】

达巷这里的人说："孔子真伟大！学问广博，而不是以某一方面的专长成名。"孔子听说了，对他的学生说："我要专长于哪方面？驾车？还是射箭？还是驾车吧。"

9.3　子曰："麻冕①，礼也；今也纯②，俭，吾从众。拜下③，礼也；今拜乎上，泰也。虽违众，吾从下。"

【注释】

①麻冕：麻布制成的礼帽。

②纯：黑色的丝线。

③拜下：臣子对君主的行礼，先堂下跪拜，后升堂再跪拜。

【译文】

孔子说："礼帽用麻布制作，符合于礼的规定；现在大家都用黑丝线制作，这样比过去节省，我赞成大家的做法。臣子见国君首先要在堂下跪拜，这也是符合于礼的。现在大家都只到堂上才跪拜，这是倨傲的表现。虽然与大家的做法不一致，我还是主张先在堂下拜。"

9.4　子绝四：毋意，毋必，毋固，毋我。

【译文】

孔子杜绝四种弊病：不主观猜疑，不毫无变通，不拘泥固执，不自以为是。

9.5　子畏于匡①，曰："文王②既没，文不在兹乎？天之将丧斯文也，后死者不得与于斯文也；天之未丧斯文也，匡人其如予何？"

【注释】

①畏于匡：匡，地名，在今河南长垣县西南。畏，通"围"，被围困。公元前496年，孔子从卫国到陈国去，经过匡地。匡人曾受到鲁国阳虎的掠夺和残杀。孔子的相貌与阳虎相像，匡人误以为孔子就是阳虎，所以将他围困。

②文王：周文王，姓姬，名昌，是孔子崇敬的古代圣贤之一。

【译文】

孔子被匡地的人所围困，他说："周文王死了以后，周代的礼乐文化不都体现在我的身上吗？上天如果想要灭亡这种文化，那后人就不可能掌握这种文化了；上天若不想要灭亡这种文化，那匡人能把我怎么样呢？”

9.6 太宰[1]问于子贡曰：“夫子圣者与？何其多能也？”子贡曰：“固天纵之将圣，又多能也。”子闻之，曰：“太宰知我乎？吾少也贱，故多能鄙事。君子多乎哉？不多也。”

【注释】

①太宰：官名，掌握国君宫廷事务。

【译文】

太宰问子贡说：“孔夫子是位圣人吧？为什么这样多才多艺呢？”子贡说：“这本是上天让他成为圣人，并使他多才多艺。”孔子听到后说：“太宰了解我吗？我年少时贫贱，所以会许多粗鄙的技艺。君子的技艺多吗？不多。”

9.7 牢[1]曰：“子云：‘吾不试，故艺。’”

【注释】

①牢：孔子学生，不可考。

【译文】

牢说：“孔子说：‘我没有机会施展自己的抱负，所以多学得了一些技艺。’”

9.8 子曰：“吾有知乎哉？无知也。有鄙夫问于我，空空如也。我叩其两端而竭焉。”

【译文】

孔子说：“我有知识吗？没有知识。有一个乡下人向我询问，我本是不知道的。但我仍从问题的正反两端仔细推敲，然后竭尽所能告诉他。”

9.9 **子曰：“凤鸟不至，河不出图①，吾已矣夫！”**

【注释】

①河不出图：河，古时专指黄河。图，花纹。传说在上古伏羲氏时代，黄河中有龙马背负八卦图而出。河出图是祥瑞的象征。

【译文】

孔子说:“凤凰不来，黄河中也不出现图纹，我这一生要完了吗！”

9.10 **子见齐衰①者、冕衣裳者与瞽②者，见之，虽少，必作；过之，必趋。**

【注释】

①齐衰（zī cuī）：古时丧服，用麻布制成。

②瞽（gǔ）：盲。

【译文】

孔子遇见穿丧服的人、穿戴着礼帽礼服的人和盲人时，即使比自己年轻，也一定站起来；从他们面前经过时，一定要小步快走以示恭敬。

9.11 **颜渊喟然①叹曰：“仰之弥高，钻之弥坚，瞻之在前，忽焉在后。夫子循循然善诱人，博我以文，约我以礼，欲罢不能。既竭吾才，如有所立卓尔。虽欲从之，末由也已。”**

【注释】

①喟（kuì）然：叹息的样子。

【译文】

颜渊感叹地说："夫子的学说，越仰望越觉得高远，越钻研越觉得坚厚。看着它好像在前面，忽然又像在后面。夫子善于循序渐进地诱导，用各种文献典籍来丰富我的知识，又用一定的礼节来约束我的言行，使我想停止不前都不可能。即使我竭尽才能，但立在我面前的东西仍十分崇高。虽然想跟从其后，可是又没有途径。"

9.12　子疾病，子路使门人为臣。病间[①]，曰："久矣哉，由之行诈也。无臣而为有臣[②]。吾谁欺？欺天乎？且予与其死于臣之手也，无宁死于二三子之手乎！且予纵不得大葬，予死于道路乎？"

【注释】

①间（jiàn）：稍缓和，稍愈。

②无臣而为有臣：按照礼的规定，大夫死后才能有臣治丧。孔子当时无官职，不能有臣治丧。

【译文】

孔子病重，子路派门人充当家臣准备为其治丧。后来，孔子的病好了一些，他说："仲由有这种欺诈行为已经很久了。没有家臣，却偏偏要装作有家臣，我骗谁呢？我骗上天吗？与其在家臣的侍候下死去，我宁可在你们这些学生的侍候下死去，这样不是更好吗！而且即使我不能以大礼来安葬，难道就会被丢在路边没人埋吗？”

9.13 子贡曰：“有美玉于斯，韫椟[①]而藏诸？求善贾[②]而沽诸？”子曰：“沽之哉，沽之哉！我待贾者也。”

【注释】

①韫椟（yùn dú）：收藏物件的柜子。

②贾（gǔ）：商人。

【译文】

子贡说：“这里有一块美玉，是把它收藏在柜子里呢？还是找一个识货的商人卖掉呢？”孔子说：“卖掉它，卖掉它！我正在等识货的人。”

9.14 子欲居九夷[①]。或曰：“陋，如之何？”子曰：“君子居之，何陋之有？”

【注释】

①九夷：中国古代未开化部族的通称。

【译文】

孔子想要迁到九夷居住。有人说：“那里非常落后闭塞、不开化，怎么能住呢？”孔子说：“有君子居住在那里，就不闭塞落后了。”

9.15 子曰：“吾自卫反鲁[①]，然后乐正，《雅》《颂》[②]各得其所。”

【注释】

①自卫反鲁：公元前484年冬，孔子从卫国返回鲁国，结束了

十四年游历不定的生活。

②《雅》《颂》:《诗经》中两类不同乐诗的名称。

【译文】

孔子说:“我从卫国回到鲁国，然后才把乐的篇章整理出来，《雅》和《颂》各得其位。”

9.16　子曰：“出则事公卿，入则事父兄，丧事不敢不勉，不为酒困，何有于我哉？”

【译文】

孔子说：“在外事奉公卿，在家侍奉父兄，有丧事不敢不尽礼，不被酒所困扰，这些事我做到了哪些呢？”

9.17　子在川上曰：“逝者如斯夫，不舍昼夜。”

【译文】

孔子在河边说:“消逝的时光就像这河水一样，不分昼夜地流淌。”

9.18　子曰：“吾未见好德如好色者也。”

【译文】

孔子说：“我没有见过喜好贤德就像喜好美色一样的人。”

9.19　子曰：“譬如为山，未成一篑①，止，吾止也；譬如平地，虽覆一篑，进，吾往也。”

【注释】

①篑（kuì）: 装土的筐子。

【译文】

孔子说："譬如用土堆山，只差一筐土就完成了，这时停下来，那是我自己要停下来的；譬如用土填坑平整地面，虽然只倒下一筐，如果决心继续下去，也是我自己要坚持的。"

9.20　子曰："语之而不惰者，其回也与！"

【译文】

孔子说："跟他讲解能够认真领会而始终不懈怠的，大概只有颜回吧！"

9.21　子谓颜渊曰："惜乎！吾见其进也，未见其止也。"

【译文】

孔子谈到颜渊说："可惜呀！我只看见他不断进取，从未看见他停止过。"

9.22　子曰："苗而不秀①者有矣夫！秀而不实者有矣夫！"

【注释】

①秀：稻、麦等庄稼吐穗扬花叫秀。

【译文】

孔子说："庄稼出了苗而不能吐穗扬花的情况是有的啊！吐穗扬花而不结果实的情况也是有的啊！"

9.23　子曰："后生可畏，焉知来者之不如今也？四十、五十而无闻焉，斯亦不足畏也已。"

【译文】

孔子说："年轻人是值得敬畏的，怎么知道将来的人就不如现在的人呢？如果到了四五十岁时还没有什么声望，这也就不值得敬畏了。"

9.24　子曰："法语之言[①]，能无从乎？改之为贵。巽与之言[②]，能无说乎？绎[③]之为贵。说而不绎，从而不改，吾末如之何也已矣。"

【注释】

①法语之言：法，指礼仪规则。这里指以礼法规则正言规劝。

②巽（xùn）与之言：巽，恭顺、谦逊。与，称许、赞许。这里指恭顺赞许的话。

③绎（yì）：原意为"抽丝"，这里指推究、分析、鉴别。

【译文】

孔子说："以礼法告诫之言正言规劝，谁能不接受呢？但遵从这些告诫改正错误才是可贵的。恭顺赞许的话，谁听了不高兴呢？但认真推究分析它的真伪才是可贵的。盲目高兴而不分析，表面接受而不改正错误，这种人我最终也拿他没什么办法了。"

9.25　子曰："主忠信，毋友不如已者，过则勿惮改。"

【译文】

孔子说："要以忠信为主，不要与道德上不如自己的人交往，有了过错，就不要怕改正。"

9.26　子曰："三军[①]可夺帅也，匹夫不可夺志也。"

【注释】

①三军：周朝制度，大诸侯国设上、中、下三军，或称左、中、右三军。

【译文】

孔子说："人数众多的军队，可以夺去它的统帅，但一个普通人，却不可改变他的坚定志向。"

9.27　子曰："衣敝缊袍[①]，与衣狐貉者立而不耻者，其由也与！'不忮不求，何用不臧[②]？'"子路终身诵之。子曰："是道也，何足以臧？"

【注释】

①衣（yì）敝缊袍：衣，穿着。缊，旧絮。这里指穿着破旧。

②不忮（zhì）不求，何用不臧：见于《诗经·邶风·雄雉》篇。忮，嫉妒。臧，善、好。

【译文】

孔子说："穿着破旧的袍子，与穿着狐貉皮袍的人站在一起而不感到耻辱，大概只有仲由吧。《诗经》上说：'不嫉妒不贪求，怎么会不善呢？'"子路听后，就一直背诵这句话。孔子说："仅仅把这作为修身之道，怎么足以善呢？"

9.28　子曰："岁寒，然后知松柏之后凋也。"

【译文】

孔子说："只有到了严寒的时候，才知道松柏是最后凋谢的。"

9.29 子曰："知者不惑，仁者不忧，勇者不惧。"

【译文】

孔子说："智慧的人不会迷惑，仁德的人不会担忧，勇敢的人不会畏惧。"

9.30 子曰："可与共学，未可与适道；可与适道，未可与立；可与立，未可与权。"

【译文】

孔子说："可以跟他一起学习，未必可以跟他志同道合；可以跟他志同道合，未必可以跟他一起立身处事；可以跟他一起立身处事，未必可以跟他一起权衡时宜有所变通。"

9.31 "唐棣[①]之华，偏其反而。岂不尔思，室是远而。"子曰："未之思也，夫何远之有？"[②]

【注释】

①唐棣（dì）：又作"棠棣"，一种植物，属蔷薇科，落叶灌木。

②此章比喻思仁，与"仁远乎哉？我欲仁，斯仁至矣"意思相近。

【译文】

有诗说："唐棣的花朵，翩翩地摇摆。我岂能不思念你？只是家住得太遥远。"孔子说："只是没有真的思念，如果真的思念，又有什么遥远呢？"

乡党篇第十

10.1 **孔子于乡党[1]，恂恂[2]如也，似不能言者。其在宗庙、朝廷，便便[3]言，唯谨尔。**

【注释】

①党：古代的五百户为一党。

②恂（xún）恂：温和恭顺貌。

③便（pián）便：便，通“辩”，善于辞令的样子。

【译文】

孔子在乡里之间，显得很温和恭敬，像是不太会说话的样子。但他在宗庙、朝廷上，言语清晰流畅，只是比较谨慎而已。

10.2 **朝，与下大夫言，侃侃如也；与上大夫言，訚訚[1]如也。君在，踧踖[2]如也，与与[3]如也。**

【注释】

①訚（yín）訚：正直而又恭敬。

②踧踖（cù jí）：恭谨而局促不安。

③与与：安详，威仪适度。

【译文】

在朝堂上，同下大夫说话，温和而欢愉；同上大夫说话，恭敬而正直；国君在朝时，心中恭谨不安，但举止、威仪适度。

10.3　君召使摈[①]，色勃[②]如也，足躩[③]如也。揖所与立，左右手，衣前后，襜如[④]也。趋进，翼如也。宾退，必复命曰："宾不顾矣。"

【注释】

①摈（bìn）：通"傧"，引导宾客的人。

②勃：变色。

③躩（jué）：快速，动作快。

④襜（chān）如：整齐之貌。

【译文】

国君召孔子去接待宾客，孔子脸色立刻变得矜持庄重，脚步也快起来。向站在一起的人作揖，向左或向右拱手行礼，衣服随之前后摆动，整齐不乱。快步向前的时候，像鸟儿展开双翅一样。宾客走后，必定向君主回报说："客人已经不再回头了。"

10.4　入公门，鞠躬如也，如不容。立不中门，行不履阈[①]。过位，色勃如也，足躩如也，其言似不足者。摄齐[②]升堂，鞠躬如也，屏气似不息者。出，降一等，逞颜色，怡怡如也。没阶，趋进，翼如也。复其位，踧踖如也。

【注释】

①履阈（yù）：阈，门槛。脚踩门槛。

②摄齐（zī）：齐，衣服的下摆。提起衣服的下摆。

【译文】

孔子走进朝廷的大门，恭恭敬敬弯着身子像鞠躬一样，好像没有容身之地。站立时，不站在门的中间；走过门时，不会踩着门槛。

经过国君的座位时，脸色变得庄重，脚步加快，说话好像底气不足一样。提起衣服的下摆登堂，恭敬谨慎，屏住气息好像不呼吸的样子。退出堂来，走下一级台阶，脸色便舒展开，怡然和乐的样子。走完了台阶，快步向前走，像鸟儿展翅一样。回到自己的位置，显得恭敬而不安。

10.5　执圭[①]，鞠躬如也，如不胜。上如揖，下如授。勃如战色，足蹜蹜[②]，如有循。

享礼[③]，有容色。

私觌[④]，愉愉如也。

【注释】

①圭：君主与卿大夫在举行朝会和祭祀时所拿的一种玉器。这里是指大夫出使别国时执圭作为代表君主的凭信。

②蹜（sù）蹜：小步走路。

③享礼：使臣向所出使国国君献礼的仪式。

④觌（dí）：会见。

【译文】

孔子手捧玉圭出使别国，恭敬谨慎，好像举不动的样子。向上举时好像在作揖，放在下面时好像是给人递东西。面色变得谨慎庄重、战战兢兢的样子，步子很小，像循着一条线往前走。

在举行赠送礼物的仪式时，显得和颜悦色。

举行私下会见的时候，显得轻松愉快。

10.6　君子不以绀緅饰[①]，红紫不以为亵服[②]。

当暑，袗絺绤[3]，必表而出之。缁衣[4]，羔裘[5]；素衣，麑[6]裘；黄衣，狐裘。

亵裘长，短右袂[7]。

必有寝衣，长一身有半。

狐貉之厚以居。

去丧，无所不佩。

非帷裳[8]，必杀之[9]。

羔裘玄冠不以吊。吉月，必朝服而朝。

【注释】

①绀（gàn）緅（zōu）饰：绀，深青透红。緅，黑中透红。饰，领与袖之边。绀、緅都是祭服或丧服的颜色，因此不作领与袖的边饰。

②亵服：平时在家里穿的便服。红、紫都是正服的颜色，便服不宜用红、紫色。

③袗（zhěn）絺（chī）绤（xì）：袗，单衣。絺，细葛布。绤，粗葛布。此为穿粗的或细的葛布单衣。

④缁衣：黑色的衣服。

⑤羔裘：羔皮衣。古代的羔裘都是黑羊皮，毛皮向外。

⑥麑（ní）：小鹿，毛为白色。

⑦短右袂（mèi）：袂，袖子。右袖短一点，是为了便于做事。

⑧帷裳：上朝或祭祀时穿的礼服，用整幅布做成，多余的布不裁掉，折叠缝上。

⑨必杀之：杀，裁。一定要裁去多余的布。

【译文】

君子不用深青透红或黑中透红的布为衣服镶边，不用红紫色的布做便服。

夏天穿或粗或细的葛布单衣，但一定要加件外衣再出门。黑色的羔羊皮袍，配黑色的罩衣；白色的鹿皮袍，配白色的罩衣；黄色的狐皮袍，配黄色的罩衣。

平常在家穿的皮袍做得长一些，右边的袖子短一些。

睡觉一定要有小被，长度为一身半长。

用狐貉的厚毛皮做坐垫。

丧服期满，便可佩戴各种各样的装饰品。

如果不是礼服，一定要加以剪裁。

不穿戴黑色的羔羊皮袍和黑色的帽子去吊丧。每月初一，一定要穿着礼服去朝拜君主。

10.7　齐，必有明衣①，布。齐，必变食，居必迁坐②。

【注释】

①明衣：浴衣。

②迁坐：改变平常的居处，从内室迁到外室，不与妻妾同房。

【译文】

斋戒的时候，一定要有浴衣，用布做的。斋戒的时候，一定要改变平常的饮食，居住也要换个地方。

10.8　食不厌精，脍①不厌细。

食饐②而餲③，鱼馁而肉败，不食。色恶，不食。臭恶，不食。失饪，不食。不时，不食。割不正，不食。不得其酱，不食。

肉虽多，不使胜食气④。

唯酒无量，不及乱。

沽酒市脯，不食。

不撤姜食，不多食。

【注释】

①脍（kuài）：切细的鱼、肉。

②饐（yì）：陈旧。食物放置时间长而变味。

③餲（ài）：变味。

④气（xì）：通“饩”，粮食。

【译文】

食物不过于追求精，鱼、肉不过于追求细。

食物放久变味了，鱼和肉腐败了，都不吃。食物的颜色难看不新鲜，不吃。气味难闻，不吃。烹调不当，不吃。时令不对的食物，不吃。肉切得不正，不吃。佐料放得不适当，不吃。

席上的肉食虽多，吃的量不超过主食。

只有酒不限量，但喝到不乱酒为准。

集市上买来的酒和肉干，不吃。

常备姜食，但也不多吃。

10.9　祭于公，不宿肉。祭肉不出三日。出三日，不食之矣。

【译文】

助祭于国君，分得的祭肉不能留到第二天。其它的祭肉存放不超过三天。超过三天，便不吃了。

10.10　食不语，寝不言。

【译文】

吃饭的时候不交谈，睡觉的时候不说话。

10.11　虽疏食菜羹，瓜祭，必齐如也。

【译文】

即使是粗饭、菜羹、瓜祭之类的薄祭，也一定要像斋戒时那样郑重恭敬。

10.12　席不正，不坐。

【译文】

席子放得不端正，不坐。

10.13　乡人饮酒，杖者出，斯出矣。

【译文】

行乡饮酒的礼仪结束后，要等拄拐杖的长者先离席，然后自己才出去。

10.14　乡人傩①，朝服而立于阼阶②。

【注释】

①傩（nuó）：古代驱逐疫鬼的宗教仪式。

②阼（zuò）阶：阼，东面的台阶。古人以东为主人的位置。

【译文】

乡人举行驱逐疫鬼的仪式时，要穿着朝服站在东边的台阶上。

10.15　问人于他邦，再拜而送之。

【译文】

托人向他邦的朋友问候，要拜两次为使者送行。

10.16　康子馈药，拜而受之，曰："丘未达，不敢尝。"

【译文】

季康子给孔子赠送药，孔子拜谢接受，说："我不了解这种药的药性，不敢尝用。"

10.17　厩焚。子退朝，曰："伤人乎？"不问马。

【译文】

马棚失火烧了。孔子退朝回来，说："伤人了吗？"不问马的情况。

10.18　君赐食，必正席先尝之。君赐腥，必熟而荐之。君赐生，必畜之。侍食于君，君祭，先饭。

【译文】

国君赐予熟食，一定摆正座席先尝一尝。国君赐予生肉，一定煮熟后先供奉祖先。国君赐予活物，一定要饲养起来。侍奉国君吃饭，在国君举行饭前祭礼的时候，先为国君尝食。

10.19　疾，君视之，东首，加朝服，拖绅。

【译文】

得了疾病，君主来探望，要头朝东躺着，身体盖上朝服，并把大带放在腰间。

10.20　**君命召，不俟驾行矣。**

【译文】

国君召见，不等车马驾好就立刻步行前往。

10.21　**入太庙，每事问。**

【译文】

进入太庙，每件事都要问明白。

10.22　**朋友死，无所归。曰：“于我殡。”**

【译文】

朋友去世，没有地方归葬。孔子说：“由我来为他举行殡葬吧。”

10.23　**朋友之馈，虽车马，非祭肉，不拜。**

【译文】

朋友馈赠礼物，即使是车马，只要不是祭肉，在接受时也不行拜礼。

10.24　**寝不尸，居不容。**

【译文】

睡觉时不要像“尸”那样直挺地躺着，平日居家也不要像做客时那样保持庄重的仪容。

10.25　**见齐衰者，虽狎①，必变。见冕者与瞽者，虽亵②，必以貌。**

凶服者式之。式负版者。

有盛馔，必变色而作。

迅雷风烈必变。

【注释】

①狎（xiá）：亲近但态度不庄重。

②亵（xiè）：亲近、熟悉。

【译文】

看见穿丧服的人，即使平日很亲密，也一定容色变得严肃。看见戴礼帽的人和盲人，即使是非常熟悉的人，也一定要有礼貌。

遇见穿丧服的人，在乘车时便俯伏在车前横木上以示同情。遇见背负国家图籍的人，也这样做，以示敬意。

做客时，如果有丰盛的筵席，一定改变神色站起来致谢。

遇见迅雷大风，必定容色变得肃穆。

10.26　升车，必正立，执绥[①]。车中，不内顾，不疾言，不亲指。

【注释】

①绥（suí）：上车时扶手用的索带。

【译文】

上车时，一定先端正地站好，然后拉着扶手带登车。在车上，不回头看，不快速地说话，不用手指指点点。

10.27　色斯举矣，翔而后集。曰："山梁雌雉，时哉！时哉！"子路共之，三嗅[①]而作。

【注释】

①嗅：当作狊（jú）。鸟张开双翅。

【译文】

人的脸色一变，山鸡惊飞起来，盘旋后又集中落在一起。孔子感叹道："山梁上的这些雌雉，得其时啊！得其时啊！"子路朝它们拱拱手，它们张开翅膀振翅而去。

先进篇第十一

11.1　子曰：“先进于礼乐，野人也；后进于礼乐，君子也。如用之，则吾从先进。”

【译文】

孔子说：“先学习好礼乐的人，是地位低的平民；后学习好礼乐的人，是贵族的子弟。如果选用人才，我主张选用先学习好礼乐的人。”

11.2　子曰：“从我于陈、蔡者，皆不及门也。”

【译文】

孔子说：“跟随我在陈国、蔡国共患难的学生，现在都不在我门下了。”

11.3　德行：颜渊、闵子骞、冉伯牛、仲弓。言语：宰我、子贡。政事：冉有、季路。文学：子游、子夏。

【译文】

孔子的学生中，德行好的有：颜渊、闵子骞、冉伯牛、仲弓。善于辞令的有：宰我、子贡。擅长处理政事的有：冉有、季路。通晓文献知识的有：子游、子夏。

11.4　子曰：“回也，非助我者也，于吾言无所不说。”

【译文】

孔子说：“颜回，不是给我以启发帮助的人，他对我说的话没有不心悦诚服的。”

11.5　子曰：“孝哉，闵子骞！人不间于其父母昆弟之言。”

【译文】

孔子说：“真是孝顺啊，闵子骞！人们都不怀疑他父母兄弟称赞他的话。”

11.6　南容三复白圭①，孔子以其兄之子妻之。

【注释】

①白圭：一种珍贵玉器。这里是指《诗经·大雅·抑》中的诗句：“白圭之玷，尚可磨也。斯言之玷，不可为也。”南容反复诵读，由此可知南容出言谨慎，少有过失。

【译文】

南容反复诵读“白圭之玷，尚可磨也。斯言之玷，不可为也”的诗句，孔子把侄女嫁给了他。

11.7　季康子问：“弟子孰为好学？”孔子对曰：“有颜回者好学，不幸短命死矣，今也则亡。”

【译文】

季康子问：“你的学生中谁最好学？”孔子回答说：“有一个叫颜回的最好学，不幸短命死了，现在没有像他那样好学的了。”

11.8　颜渊死，颜路请子之车以为之椁[①]。子曰：“才不才，亦各言其子也。鲤[②]也死，有棺而无椁。吾不徒行以为之椁，以吾从大夫之后，不可徒行也。”

【注释】

①椁（guǒ）：古人所用棺材，内为棺，外为椁。

②鲤：孔子的儿子，字伯鱼。

【译文】

颜渊死了，他的父亲颜路请求孔子卖掉车子，给颜渊买个外椁。孔子说：“无论有没有才能，对我们各人来说都是自己的儿子。我儿子孔鲤死的时候，也是有棺而无椁。我没有卖掉车子步行来给他买椁，是因为我曾在大夫行列之后随行，是不可以步行的。”

11.9　颜渊死。子曰：“噫！天丧予！天丧予！”

【译文】

颜渊死了，孔子说：“唉！老天爷要我的命呀！老天爷要我的命呀！”

11.10　颜渊死，子哭之恸[①]。从者曰：“子恸矣！”曰：“有恸乎？非夫人之为恸而谁为？”

【注释】

①恸（tòng）：哀伤过度，过于悲痛。

【译文】

颜渊去世，孔子哭得非常伤心。跟随孔子的人说：“您过度伤心了！”孔子说：“我过度伤心了吗？不为这样的人伤心，又为什么人伤心呢？”

11.11　颜渊死，门人欲厚葬之，子曰：“不可。”门人厚葬之。子曰：“回也，视予犹父也，予不得视犹子也。非我也，夫二三子也。”

【译文】

颜渊去世，孔子的学生们想要厚葬他，孔子说：“不能这样做。”学生们仍然厚葬了他。孔子说：“颜回啊，对我像父亲一样，我对他却不能像儿子一样。这不是我要这样，是那些学生们做的呀。”

11.12　季路问事鬼神。子曰：“未能事人，焉能事鬼？”曰：“敢问死。”曰：“未知生，焉知死？”

【译文】

子路问怎样事奉鬼神。孔子说：“没能事奉好人，怎么能事奉鬼神呢？”子路说：“敢问死是怎么回事？”孔子说：“生的道理还没有弄明白，怎么能够懂得死呢？”

11.13　闵子侍侧，訚訚如也；子路，行行[①]如也；冉有、子贡，侃侃如也。子乐。“若由也，不得其死然。”

【注释】

①行（hàng）行：刚强的样子。

【译文】

闵子骞侍立在孔子身旁，恭敬而正直的样子；子路，一副刚强的样子；冉有、子贡，温和快乐的样子。孔子很高兴。但孔子又说："像仲由这样，将来恐怕不得善终。"

11.14　鲁人[1]为长府。闵子骞曰："仍旧贯，如之何？何必改作？"子曰："夫人不言，言必有中。"

【注释】

①鲁人：这里指鲁国的当权者。

【译文】

鲁国打算翻修长府这所金库。闵子骞说："照老样子下去，怎么样？何必改建呢？"孔子说："这个人平日不大开口，一开口就说中要害。"

11.15　子曰："由之瑟，奚为于丘之门？"门人不敬子路。子曰："由也升堂[1]矣，未入于室也。"

【注释】

①升堂：与后面入室，均指学问或境界的高深之处。

【译文】

孔子说："仲由弹瑟，哪像是在我的门下呢？"孔子的学生们因此都不尊敬子路。孔子又说："仲由嘛，学问可算是登堂了，只是还没有入室罢了。"

11.16 子贡问："师与商也孰贤？"子曰："师也过，商也不及。"曰："然则师愈与？"子曰："过犹不及。"

【译文】

子贡问孔子："颛孙师和卜商两人谁更好呢？"孔子说："颛孙师做事有些过头，卜商做事有些赶不上。"子贡说："那么是颛孙师好一些吗？"孔子说："过头和赶不上同样不好。"

11.17 季氏富于周公，而求也为之聚敛而附益之。子曰："非吾徒也，小子鸣鼓而攻之可也。"

【译文】

季氏比周公还要富有，而冉求还帮他聚敛而增加财富。孔子说："他不是我的学生，你们大张旗鼓地去反对他就可以了。"

11.18 柴[①]也愚，参也鲁，师也辟，由也喭[②]。

【注释】

①柴：孔子学生，姓高，名柴，字子羔。

②喭（yàn）：鲁莽。

【译文】

高柴愚直，曾参迟钝，颛孙师偏激，仲由鲁莽。

11.19 子曰："回也其庶乎，屡空。赐不受命，而货殖[①]焉，亿[②]则屡中。"

【注释】

①货殖：经商，做生意。

②亿：通“臆”，揣度。

【译文】

孔子说：“颜回的学问道德已经差不多了吧，可是他常常陷入贫穷之中。端木赐不安于本分，而去经商，猜测行情竟然屡次都猜中。”

11.20　子张问善人之道。子曰：“不践迹，亦不入于室。”

【译文】

子张问怎样才是善人。孔子说：“不沿着前人的足迹走老路，但其学问和修养难以达到入室的境界。”

11.21　子曰：“论笃是与，君子者乎？色庄[①]者乎？”

【注释】

①色庄：容色端庄。

【译文】

孔子说：“称赞言语笃实的人，要分清是真正的君子呢，还是装模作样的伪君子呢？”

11.22　子路问：“闻斯行诸？”子曰：“有父兄在，如之何其闻斯行之？”

冉有问：“闻斯行诸？”子曰：“闻斯行之。”

公西子华曰：“由也问：‘闻斯行诸？’子曰：‘有父兄在。’求也问：‘闻斯行诸？’子曰：‘闻斯行之。’赤也惑，敢问。”子曰：“求也退，故进之；由也兼人[①]，故退之。”

【注释】

①兼人：好勇过人。这里指子路勇猛，一个人相当于多个人。

【译文】

子路问："听到了就行动起来吗？"孔子说："有父兄在，怎么能听到就行动起来呢？"

冉有问："听到了就行动起来吗？"孔子说："听到了就行动起来。"

公西子华说："仲由问：'听到了就行动起来吗？'您说：'有父兄在。'冉求问：'听到了就行动起来吗？'您说：'听到了就行动起来。'我对此感到疑惑不解，大胆地问问。"孔子说："冉求做事总是退缩，所以我鼓励他积极进取；仲由好勇，所以我要他谦退。"

11.23　子畏于匡，颜渊后。子曰："吾以女为死矣。"曰："子在，回何敢死？"

【译文】

孔子被围困在匡地，颜渊落在后面很久才归来。孔子说："我以为你已经死了呢。"颜渊说："夫子还活着，我怎么敢死呢？"

11.24　季子然[①]问："仲由、冉求可谓大臣与？"子曰："吾以子为异之问，曾[②]由与求之问。所谓大臣者，以道事君，不可则止。今由与求也，可谓具臣矣。"

曰："然则从之者与？"子曰："弑父与君，亦不从也。"

【注释】

①季子然：鲁国季孙氏的同族。

②曾：原来，乃是。

【译文】

季子然问："仲由、冉求可以算是大臣吗？"孔子说："我以为是问别人，原来是问仲由和冉求呀。所谓大臣，是以道义来辅佐君主，如果不行，就停止不干。现在仲由和冉求这两个人，只能算是具备了做臣子的条件。"

季子然说："那么，他们会顺从上级吗？"孔子说："对弑父、弑君的事，他们是不会顺从的。"

11.25　子路使子羔为费宰。子曰："贼①夫人之子。"

子路曰："有民人焉，有社稷焉，何必读书，然后为学？"子曰："是故恶夫佞者。"

【注释】

①贼：残害、祸害。

【译文】

子路让子羔做费地的长官。孔子说："这是害人子弟。"

子路说："有老百姓，有国家施政，为什么一定要读书然后才算是学习呢？"孔子说："所以我厌恶那种花言巧语狡辩的人。"

11.26　子路、曾皙、冉有、公西子华侍坐。子曰："以吾一日长乎尔，毋吾以也。居则曰：'不吾知也！'如或知尔，则何以哉？"

子路率尔而对曰：“千乘之国，摄乎大国之间，加之以师旅，因之以饥馑，由也为之，比及三年，可使有勇，且知方也。”夫子哂①之。

“求，尔何如？”对曰：“方六七十，如五六十，求也为之，比及三年，可使足民。如其礼乐，以俟君子。”

“赤，尔何如？”对曰：“非曰能之，愿学焉。宗庙之事，如会同，端章甫②，愿为小相焉。”

“点，尔何如？”鼓瑟希，铿尔，舍瑟而作，对曰：“异乎三子者之撰。”子曰：“何伤乎？亦各言其志也。”曰：“莫春者，春服既成，冠者③五六人，童子六七人，浴乎沂，风乎舞雩④，咏而归。”夫子喟然叹曰：“吾与点也！”

三子者出，曾皙后。曾皙曰：“夫三子者之言何如？”子曰：“亦各言其志也已矣。”曰：“夫子何哂由也？”曰：“为国以礼。其言不让，是故哂之。”

“唯求则非邦也与？”“安见方六七十如五六十而非邦也者？”

“唯赤则非邦也与？”“宗庙会同，非诸侯而何？赤也为之小，孰能为之大？”

【注释】

①哂（shěn）：讥讽地微笑。

②端章甫：端，古代礼服的名称。章甫，古代礼帽的名称。

③冠者：成年人。古代男子到20岁时行冠礼，表示已成年。

④舞雩（yú）：求雨的祭祀有舞，称为舞雩。鲁国故都有舞雩台，在今山东曲阜。

【译文】

子路、曾皙、冉有、公西子华侍坐在孔子旁。孔子说："因为我年龄比你们大一些，不要因为我年长而不敢说。你们平时总说：'没有人了解我呀！'假如有人要了解你们，那你们怎样做呢？"

子路抢着回答说："一个拥有一千辆兵车的国家，夹在大国中间，常常受到别的国家侵犯，加上国内又闹饥荒，让我去治理，等到三年，就可以使人们勇敢善战，而且懂得道理。"孔子听了，微微一笑。

孔子问："冉求，你怎么样呢？"冉求回答说："方圆六七十里，或者五六十里的小国，让我去治理，等到三年，就可以使百姓丰衣足食。至于礼乐教化，就要等君子来施行了。"

孔子问："公西赤，你怎么样呢？"公西赤回答说："我不敢说能怎么样，但愿意学习。在宗庙祭祀中，或者国家会盟中，我愿穿戴着礼服礼帽，做一个司礼人。"

孔子问："曾点，你怎么样呢？"这时曾点弹瑟的声音逐渐稀落，接着"铿"的一声，放下瑟站起来，回答说："我与他们三位说的不一样。"孔子说："那又有什么关系呢？也就是各人说说自己的志向而已。"曾皙说："暮春时节，穿上做好的春服，同五六个成年人，六七个少年，去沂河里洗洗澡，在舞雩台上吹吹风，唱着歌回来。"孔子长叹一声说："我赞同曾点说的。"

子路、冉有、公西子华三个人都出去了，曾皙后走。曾皙问："他们三人的话怎么样？"孔子说："也就是各自谈谈自己的志向罢了。"曾皙说："夫子为什么要笑仲由呢？"孔子说："治理国家要讲礼让，可是他说话一点也不谦让，所以我笑他。"

曾皙又问："难道冉求讲的不是治理国家吗？"孔子说："哪里见得方圆六七十里或五六十里的地方不是国家呢？"

曾皙又问："难道公西赤讲的不是治理国家吗？"孔子说："宗庙祭祀和诸侯会盟，不是诸侯治理国家又是什么呢？公西赤如果只能做一个小相，那谁又能做大相呢？"

颜渊篇第十二

12.1　颜渊问仁。子曰："克己复礼[1]为仁。一日克己复礼，天下归仁焉。为仁由己，而由人乎哉？"

颜渊曰："请问其目。"子曰："非礼勿视，非礼勿听，非礼勿言，非礼勿动。"

颜渊曰："回虽不敏，请事斯语矣。"

【注释】

①克己复礼：克己，克制自己。复礼，恢复礼的规定和要求。

【译文】

颜渊问什么是仁。孔子说："克制自己，使一切言行都符合礼，就是仁。一旦这样做到了，天下就都归于仁了。修行仁德完全在于自己，难道还在于别人吗？"

颜渊说："请问具体条目。"孔子说："不合于礼的不要看，不合于礼的不要听，不合于礼的不要说，不合于礼的不要做。"

颜渊说："我虽然不够聪慧，请让我照着这些话去做吧。"

12.2　仲弓问仁。子曰："出门如见大宾，使民如承大祭。己所不欲，勿施于人。在邦无怨，在家无怨。"

仲弓曰："雍虽不敏，请事斯语矣。"

【译文】

仲弓问什么是仁。孔子说："出门办事如同去接见贵宾，役使百姓如同进行重大的祭祀，都要认真严肃。自己不喜欢做的事情，不要强加于别人。为诸侯做事无怨，为卿大夫做事也无怨。”

仲弓说：“我虽然不够勤勉，也要照您的这些话去做。”

12.3 司马牛[①]问仁。子曰：“仁者，其言也讱[②]。”

曰：“其言也讱，斯谓之仁已乎？”子曰：“为之难，言之得无讱乎？”

【注释】

①司马牛：孔子学生，姓司马，名耕，字子牛。

②讱（rèn）：话难说出口。这里引申为说话谨慎。

【译文】

司马牛问什么是仁。孔子说：“仁德的人，说话谨慎。”

司马牛说：“说话谨慎，就可以称之为仁了吗？”孔子说：“做到很困难，说起来能不谨慎吗？”

12.4 司马牛问君子。子曰：“君子不忧不惧。”

曰：“不忧不惧，斯谓之君子已乎？”子曰：“内省不疚，夫何忧何惧？”

【译文】

司马牛问什么是君子。孔子说：“君子不忧愁不畏惧。”

司马牛说：“不忧愁不畏惧，这样就可以叫作君子了吗？”孔子说：“自己问心无愧，那还有什么忧愁和畏惧呢？”

12.5 司马牛忧曰：“人皆有兄弟，我独亡。”子夏曰：“商

闻之矣：死生有命，富贵在天。君子敬而无失，与人恭而有礼，四海之内，皆兄弟也。君子何患乎无兄弟也？”

【译文】

司马牛忧愁地说：“别人都有兄弟，唯独我没有。”子夏说：“我听说过：死生有命，富贵在天。君子对事敬业而没有过失，对人恭敬而有礼，四海之内，都是兄弟。君子何愁没有兄弟呢？”

12.6　子张问明。子曰：“浸润之谮[①]，肤受之愬[②]，不行焉，可谓明也已矣。浸润之谮，肤受之愬，不行焉，可谓远也已矣。”

【注释】

①浸润之谮（zèn）：谮，谗言。这是说像水那样一点一滴地渗进来的谗言，不易觉察。

②肤受之愬（sù）：愬，诬告。这是说像切肤之痛的诬告，即直接的诽谤。

【译文】

子张问怎样才是明辨是非。孔子说：“像水那样慢慢渗透的谗言，像切肤之痛那样直接的诽谤，在你那里都行不通，就可以说是明辨是非了。像水那样慢慢渗透的谗言，像切肤之痛那样直接的诽谤，在你那里都行不通，就可以算是有远见了。”

12.7　子贡问政。子曰：“足食，足兵，民信之矣。”

子贡曰：“必不得已而去，于斯三者何先？”曰：“去兵。”

子贡曰：“必不得已而去，于斯二者何先？”曰：“去食。自古皆有死，民无信不立。”

【译文】

子贡请教为政之道。孔子说："粮食充足，军备充足，赢得老百姓的信任。"

子贡说："如果不得不去掉一项，在这三项中先去掉哪一项呢？"孔子说："去掉军备。"

子贡说："如果不得不再去掉一项，在这两项中去掉哪一项呢？"孔子说："去掉粮食。自古以来，治国理政者总是要死的，但如果没有老百姓的信任，就根本立不住脚。"

12.8　棘子成①曰："君子质而已矣，何以文为？"子贡曰："惜乎，夫子之说君子也！驷不及舌。文犹质也，质犹文也。虎豹之鞟②犹犬羊之鞟。"

【注释】

①棘子成：卫国大夫。古代大夫都可以被尊称为夫子，所以后面子贡这样称呼他。

②鞟（kuò）：去掉毛的皮。

【译文】

棘子成说："君子只要内在本质好就行了，何必要那些外在的文饰呢？"子贡说："可惜呀，先生这样谈论君子。一言既出，驷马难追。文饰就像本质，本质就像文饰，都同等重要。如果把虎豹的皮拔去毛，就像犬羊的皮拔去毛一样，没什么区别了。"

12.9　哀公问于有若曰："年饥，用不足，如之何？"有若对曰："盍彻①乎？"

曰："二，吾犹不足，如之何其彻也？"对曰："百姓足，君孰与不足？百姓不足，君孰与足？"

【注释】

①彻：古代的一种田赋制度，十分取一。

【译文】

鲁哀公问有若说："年景遭到饥荒，用度不足，怎么办？"有若回答说："为什么不实行彻法呢？"

哀公说："现在十抽二，我还不够，怎么能实行彻法呢？"有若回答说："如果百姓富足，您怎么会不富足？如果百姓不富足，您又怎么会富足呢？"

12.10　子张问崇德辨惑。子曰："主忠信，徙义，崇德也。爱之欲其生，恶之欲其死，既欲其生，又欲其死，是惑也。'诚不以富，亦祇以异。'"

【译文】

子张问如何崇德辨惑。孔子说："亲近忠信之人，行道义之事，就可以提高品德。爱一个人就希望他活着，厌恶他就恨他死去，既要他活着，又要他死去，这就是迷惑。《诗经》里说，'不是因为富贵问题，而只是变了心。'"

12.11　齐景公问政于孔子。孔子对曰："君君、臣臣、父父、子子。"公曰："善哉！信如君不君，臣不臣，父不父，子不子，虽有粟，吾得而食诸？"

【译文】

齐景公向孔子询问为政之道。孔子回答说："做君的要像做君的样子，当臣的要像当臣的样子，父亲要有父亲的样，儿子要有儿子的样。"齐景公说："讲得好呀！如果君不像君，臣不像臣，父不像父，子不像子，即使有粮食，我能吃得上吗？"

12.12　子曰："片言可以折狱①者，其由也与！"子路无宿诺②。

【注释】

①折狱：判决案件，断案。

②宿诺：让诺言过夜，指拖延兑现诺言。

【译文】

孔子说："根据一方面的供词就可以判决案件的，大概只有仲由吧！"子路没有不兑现的诺言。

12.13　子曰："听讼，吾犹人也。必也使无讼乎。"

【译文】

孔子说："审理诉讼案件，我同别人差不多。一定要做到没有诉讼才好。"

12.14　子张问政。子曰："居之无倦，行之以忠。"

【译文】

子张问为政之道。孔子说："在岗位上不疲倦懈怠，执行政令要忠诚。"

12.15　子曰："博学于文，约之以礼，亦可以弗畔矣夫！"

【译文】

孔子说："广泛地学习古代的文化典籍，又以礼来约束自己，也就可以不会离经叛道了！"

12.16　子曰："君子成人之美，不成人之恶。小人反是。"

【译文】

孔子说："君子成全别人的好事，而不促成别人的坏事。小人则与此相反。"

12.17　季康子问政于孔子。孔子对曰："政者，正也。子帅以正，孰敢不正？"

【译文】

季康子向孔子问为政之道。孔子回答说："政，就是端正。你自己带头端正，谁敢不端正呢？"

12.18　季康子患盗，问于孔子。孔子对曰："苟子之不欲，虽赏之不窃。"

【译文】

季康子苦于盗贼太多，问孔子怎么办。孔子回答说："假如你自己不贪图财利，即使奖励盗窃，也没有人盗窃。"

12.19　季康子问政于孔子曰："如杀无道，以就有道，何如？"孔子对曰："子为政，焉用杀？子欲善而民善矣。君子

之德风，小人之德草，草上之风，必偃。”

【译文】

季康子向孔子询问为政之道时说：“如果杀掉无道的坏人，亲近有道的好人，怎么样？”孔子回答说：“您治理政事，为何要用杀戮的手段呢？您自己想行善，老百姓也就向善了。为政者的道德好比风，老百姓的道德好比草，风吹在草上，草就向哪边倒。”

12.20　子张问：“士何如斯可谓之达矣？”子曰：“何哉，尔所谓达者？”子张对曰：“在邦必闻，在家必闻。”子曰：“是闻也，非达也。夫达也者，质直而好义，察言而观色，虑以下人。在邦必达，在家必达。夫闻也者，色取仁而行违，居之不疑。在邦必闻，在家必闻。”

【译文】

子张问：“士人怎样才可以叫作通达？”孔子说：“你说的通达是什么意思？”子张答道：“在诸侯国做官一定有名望，在大夫的封地里做官也一定有名声。”孔子说：“这只是有名，不是通达。所谓达，品质正直而行事仁义，善于揣摩别人的话语而且观察别人的脸色，经常想着谦恭待人。这样，在诸侯国做官一定能通达，在大夫的封地里做官也一定能通达。至于只是有名的人，表面上爱好仁德，而行动上却违背了仁德，自己还以仁人自居不惭愧。这样，在诸侯国做官必定只是有名，在大夫的封地里做官也必定只是有名。”

12.21　樊迟从游于舞雩之下，曰：“敢问崇德、修慝[①]、辨惑。”子曰：“善哉问！先事后得，非崇德与？攻其恶，无攻人之恶，

非修慝与？一朝之忿，忘其身以及其亲，非惑与？”

【注释】

①修慝（tè）：慝，邪恶的念头。这里是指改正邪恶的念头。

【译文】

樊迟陪着孔子在舞雩台下散步，说：“请问怎样提高品德修养？怎样改正自己的邪念？怎样明辨是非？”孔子说：“问得好！先努力做事，而不计较得失，不就是提高品德了吗？批判自己的坏处，不去批判别人的坏处，不就消除无形的怨恨了吗？由于一时的气愤，就忘记了自身的安危，以至于牵连自己的父母，这不就是迷惑吗？”

12.22 樊迟问仁。子曰：“爱人。”问知。子曰：“知人。”

樊迟未达。子曰：“举直错诸枉[1]，能使枉者直。”

樊迟退，见子夏曰：“乡[2]也吾见于夫子而问知，子曰‘举直错诸枉，能使枉者直’，何谓也？”子夏曰：“富哉言乎！舜有天下，选于众，举皋陶，不仁者远矣。汤有天下，选于众，举伊尹，不仁者远矣。”

【注释】

①举直错诸枉：错，通“措”，放置。枉，不正直，邪恶。意为选拔直者，罢黜枉者。

②乡：通“向”，刚才。

【译文】

樊迟问什么是仁。孔子说：“爱人。”问什么是智，孔子说：“了解人。”

樊迟没有明白。孔子说：“选拔正直的人，将其放在邪恶的人之上，就能使邪者归正。”

樊迟退出来，见到子夏说:“刚才我见到老师，问他什么是智，他说：‘选拔正直的人，将其放在邪恶的人之上，就能使邪者归正’，这是什么意思？”子夏说：“这话说得多么深刻呀！舜有天下，在众人中挑选人才，把皋陶选拔出来，不仁的人就远离了。汤有了天下，在众人中挑选人才，把伊尹选拔出来，不仁的人就远离了。”

12.23　子贡问友。子曰：“忠告而善道之，不可则止，毋自辱焉。”

【译文】

子贡问怎样对待朋友。孔子说：“忠诚地劝告并且恰当地引导他，如果不听就罢了，不要自取其辱。”

12.24　曾子曰：“君子以文会友，以友辅仁。”

【译文】

曾子说：“君子以文章学问来结交朋友，依靠朋友帮助自己培养仁德。”

子路篇第十三

13.1　子路问政。子曰："先之，劳之。"请益。曰："无倦。"

【译文】

子路问为政之道。孔子说："自己要先做到，然后再指使百姓。"子路请求再多讲一些。孔子说："不要懈怠。"

13.2　仲弓为季氏宰，问政。子曰："先有司，赦小过，举贤才。"曰："焉知贤才而举之？"曰："举尔所知。尔所不知，人其舍诸？"

【译文】

仲弓做了季氏的总管，问为政之道。孔子说："给下属官员做出表率，原谅他们的小过错，举用贤才。"仲弓问："怎样识别贤才而举用呢？"孔子说："举用你所了解的人。你所不了解的那些人，别人就会舍弃不用了吗？"

13.3　子路曰："卫君待子而为政，子将奚先？"子曰："必也正名乎！"

子路曰："有是哉，子之迂也！奚其正？"子曰："野哉，由也！君子于其所不知，盖阙如也。名不正则言不顺，言不顺则事不成，事不成则礼乐不兴，礼乐不兴则刑罚不中，刑罚不中，则民无所措手足。故君子名之必可言也，言之必可

行也。君子于其言，无所苟而已矣。”

【译文】

子路说：“如果卫国国君等待您去治理国政，您将先从哪些事情做起呢？”孔子说：“必须首先正名分。”

子路说：“这样做，您太迂腐了！名分怎么正呢？”孔子说：“真粗野啊，仲由！君子对于他所不知道的事情，总是采取存疑的态度。名分不正则说话就不顺当合理，说话不顺当合理则事情就办不成，事情办不成则礼乐就不能兴盛，礼乐不能兴盛则刑罚就不会适中，刑罚不适中则百姓就不知怎么办好。所以，君子对于名分一定要能够顺当说出来，顺当说出来一定能够行得通。君子对自己的言辞，没有任何马虎随便才作罢。”

13.4　樊迟请学稼。子曰：“吾不如老农。”请学为圃。曰：“吾不如老圃。”

樊迟出。子曰：“小人哉，樊须也！上好礼，则民莫敢不敬；上好义，则民莫敢不服；上好信，则民莫敢不用情。夫如是，则四方之民襁负其子而至矣，焉用稼？”

【译文】

樊迟请教如何种庄稼。孔子说：“我不如老农。”樊迟又请教如何种菜。孔子说：“我不如菜农。”

樊迟退出。孔子说：“樊迟真是小人！上位者只要重视礼，百姓就不敢不敬畏；上位者只要重视义，百姓就不敢不服从；上位者只要重视信，百姓就不敢不用真心实情来对待你。要是做到这样，四面八方的百姓就会背着自己的小孩来投奔，哪里用得着自己去种庄稼呢？”

13.5　子曰："诵《诗》三百，授之以政，不达；使于四方，不能专对。虽多，亦奚以为？"

【译文】

孔子说："诵读《诗经》三百篇，让他处理政务，却不通晓；让他出使四方，却不能独立应对。即使学得再多，又有什么用呢？"

13.6　子曰："其身正，不令而行；其身不正，虽令不从。"

【译文】

孔子说："统治者自身正，即使不发布命令，老百姓也会服从行事；统治者自身不正，即使发布命令，老百姓也不会服从。"

13.7　子曰："鲁卫之政，兄弟也。"

【译文】

孔子说："鲁国和卫国的政治，就像兄弟一样相近。"

13.8　子谓卫公子荆："善居室。始有，曰：'苟合矣。'少有，曰：'苟完矣。'富有，曰：'苟美矣。'"

【译文】

孔子谈到卫国的公子荆时说："他善于处理家业。刚开始有一点财产，便说：'差不多足够了。'稍微多一点时，便说：'差不多完备了。'富有一点时，便说：'差不多完美了。'"

13.9　子适卫，冉有仆。子曰："庶矣哉！"冉有曰："既庶矣，又何加焉？"曰："富之。"曰："既富矣，又何加焉？"曰："教

之。”

【译文】

孔子到卫国去,冉有为他驾车。孔子说:“人口真多呀！”冉有说:“人口已经够多了，还有什么再做的呢？”孔子说：“使他们富裕起来。”冉有说：“已经富裕了，还有什么再做的呢？”孔子说：“对他们进行教化。”

13.10　子曰：“苟有用我者，期月①而已可也，三年有成。”

【注释】

①期（jī）月：一年月份的周而复始称为期月，即一整年。

【译文】

孔子说：“如果有任用我来治理国家的，一年便差不多可以了，三年便会很有成效。”

13.11　子曰：“‘善人为邦百年，亦可以胜残去杀矣。’诚哉是言也！”

【译文】

孔子说：“古人说‘善人治理国家，经过一百年，也可以克服残暴消除杀戮了。’这话真对呀！”

13.12　子曰：“如有王者，必世①而后仁。”

【注释】

①世：三十年为一世。

【译文】

孔子说："如果有王者兴起，也一定要经过三十年后才能实现仁政。"

13.13　子曰："苟正其身矣，于从政乎何有？不能正其身，如正人何？"

【译文】

孔子说："如果自身端正，对于从政还有什么困难呢？如果不能端正自身，怎么能端正别人呢？"

13.14　冉子退朝。子曰："何晏[①]也？"对曰："有政。"子曰："其事也？如有政，虽不吾以，吾其与闻之。"

【注释】

①晏：晚。

【译文】

冉求退朝回来。孔子说："为什么回来得这么晚呀？"冉求回答说："有政务。"孔子说："那只是事务吧？如果有政务，虽然国君不用我了，我也会听到的。"

13.15　定公问："一言而可以兴邦，有诸？"孔子对曰："言不可以若是，其几也。人之言曰：'为君难，为臣不易。'如知为君之难也，不几乎一言而兴邦乎？"

曰："一言而丧邦，有诸？"孔子对曰："言不可以若是，其几也。人之言曰：'予无乐乎为君，唯其言而莫予违也。'

如其善而莫之违也，不亦善乎？如不善而莫之违也，不几乎一言而丧邦乎？”

【译文】

鲁定公问:“一句话可以兴国，有这样的话吗？”孔子回答道:“说话不可以这么绝对，但有近乎于这样的话。有人说：‘做君难，做臣不易。’如果知道了做君的难，这不近乎于一句话可以使国家兴盛吗？”

鲁定公又问：“一句话可以亡国，有这样的话吗？”孔子回答说：“说话不可以这么绝对，但有近乎于这样的话。有人说：‘我并不为做君主而高兴，所高兴的只在于我的话没有人敢违抗。’如果说得对而没有人违抗，不也很好吗？如果说得不对也没有人违抗，这不就近乎于一句话可以亡国吗？”

13.16　叶公①问政。子曰：“近者说，远者来。”

【注释】

①叶（shè）公：楚国大夫，名沈诸梁，字子高。因封地在叶，故称叶公。

【译文】

叶公问为政之道。孔子说：“使近地的人高兴，使远地的人前来归附。”

13.17　子夏为莒父①宰，问政。子曰:“无欲速，无见小利。欲速则不达，见小利则大事不成。”

【注释】

①莒（jǔ）父：鲁国的一个城邑，在今山东莒县境内。

【译文】

子夏做莒父的总管，问为政之道。孔子说："不要贪图快，不要贪求小利。如果贪图快反而达不到预期目的，贪求小利就做不成大事。"

13.18　叶公语孔子曰："吾党有直躬者，其父攘羊，而子证之。"孔子曰："吾党之直者异于是：父为子隐，子为父隐，直在其中矣。"

【译文】

叶公告诉孔子说："我家乡有个正直的人，其父亲偷了羊，而当儿子的举证告发了父亲。"孔子说："我们家乡正直的人不是这样：父亲为儿子隐瞒，儿子为父亲隐瞒，正直的品德就在其中了。"

13.19　樊迟问仁。子曰："居处恭，执事敬，与人忠。虽之夷狄，不可弃也。"

【译文】

樊迟问什么是仁。孔子说："生活起居要端庄有礼，办事要严肃认真，待人要忠心诚意。即使到了夷狄之地，也不能背弃。"

13.20　子贡问曰："何如斯可谓之士矣？"子曰："行己有耻，使于四方，不辱君命，可谓士矣。"

曰："敢问其次。"曰："宗族称孝焉，乡党称弟焉。"

曰："敢问其次。"曰："言必信，行必果，硁硁[①]然小人哉！

抑亦可以为次矣。”

曰：“今之从政者何如？”子曰：“噫！斗筲之人[②]，何足算也？”

【注释】

①硁（kēng）硁：象声词，敲击石头的声音。这里引申为像石块那样坚硬，形容浅薄固执。

②斗筲（shāo）之人：筲，竹器。比喻器量狭小的人。

【译文】

子贡问道：“怎样做才可以称为士？”孔子说：“自己行事有知耻之心，出使四方，不辱君主使命，可以称为士了。”

子贡说：“敢问次一等呢？”孔子说：“宗族中的人称赞他孝顺父母，乡里称赞他尊敬兄长。”

子贡说：“敢问再次一等呢？”孔子说：“说话一定要诚信，做事一定要有结果，不问是非地固执己见，那是小人啊！但也可以算是再次一等的士了。”

子贡说：“现在的执政者怎么样？”孔子说：“唉！这些器量狭小的人，哪里能算得上呢？”

13.21　子曰：“不得中行[①]而与之，必也狂狷[②]乎！狂者进取，狷者有所不为也。”

【注释】

①中行：行为合乎中庸之道。

②狷（juàn）：拘谨、有所不为。

【译文】

孔子说："如果不能得到和奉行中庸之道的人而与他交往，只能与激进的人和拘谨的人交往了。激进的人勇于进取，拘谨的人有所不为。"

13.22　子曰："南人有言曰：'人而无恒，不可以作巫医。'善夫！""不恒其德，或承之羞。"子曰："不占而已矣。"

【译文】

孔子说："南方人有句话说：'人如果做事没有恒心，不可以做巫医。'说得好啊！"《易经》说："人不能恒久地保持德行，就可能要遭受耻辱。"孔子说："这是说没有恒德的人不用去占卦罢了。"

13.23　子曰："君子和而不同，小人同而不和。"

【译文】

孔子说："君子追求和谐，但不同流合污，小人盲目附和求同而不能追求和谐。"

13.24　子贡问曰："乡人皆好之，何如？"子曰："未可也。""乡人皆恶之，何如？"子曰："未可也。不如乡人之善者好之，其不善者恶之。"

【译文】

子贡问道："乡人都喜欢他，这个人怎么样？"孔子说："不能肯定。"子贡又问："乡人都厌恶他，这个人怎么样？"孔子说："这也不能肯定。不如乡人中的善人都喜欢他，乡人中的坏人都厌恶他。"

13.25　子曰："君子易事而难说也。说之不以道，不说也；及其使人也，器之。小人难事而易说也。说之虽不以道，说也；及其使人也，求备焉。"

【译文】

孔子说："与君子共事容易，但很难取得他的欢喜。不按正道去讨他的欢喜，他是不会高兴的；但等到他使用人的时候，总是量才而用。与小人共事难，但要取得他的欢喜则容易。不按正道去讨他的欢喜，他也会高兴；但等到他使用人的时候，却是求全责备。"

13.26　子曰："君子泰而不骄，小人骄而不泰。"

【译文】

孔子说："君子坦然而不傲慢，小人傲慢而不坦然。"

13.27　子曰："刚、毅、木、讷近仁。"

【译文】

孔子说："刚强、果敢、朴实、慎言，这四种品德近于仁。"

13.28　子路问曰："何如斯可谓之士矣？"子曰："切切偲偲[①]，怡怡如也，可谓士矣。朋友切切偲偲，兄弟怡怡。"

【注释】

①偲（sī）偲：勉励、督促。

【译文】

子路问道："怎样才可以称之为士呢？"孔子说："互相督促勉励，相处得和和气气，可以算是士了。朋友之间互相督促勉励，兄弟之间和睦相处。”

13.29　子曰：“善人教民七年，亦可以即戎矣。”

【译文】

孔子说：“善人教导百姓七年，也就可以让他们当兵打仗了。”

13.30　子曰：“以不教民战，是谓弃之。”

【译文】

孔子说：“用未受过训练的百姓去作战，这等于抛弃他们。”

宪问篇第十四

14.1 宪问耻。子曰：“邦有道，谷；邦无道，谷，耻也。”“克、伐、怨、欲不行焉，可以为仁矣？”子曰：“可以为难矣，仁则吾不知也。”

【译文】

原宪问什么为耻辱。孔子说：“国家有道，做官拿俸禄；国家无道，还做官拿俸禄，这就是耻辱。”原宪又问：“好胜、自夸、怨恨、贪欲都没有，可以算做到仁了吧？”孔子说：“这可以说是很难得了，至于是不是做到了仁，我就不知道了。”

14.2 子曰：“士而怀居，不足以为士矣。”

【译文】

孔子说：“士如果留恋家庭安逸生活，就不足以称为士了。”

14.3 子曰：“邦有道，危[①]言危行；邦无道，危行言孙。”

【注释】

①危：高峻、正直。

【译文】

孔子说：“国家政治清明，正直说话，正直行事；国家政治昏暗，正直行事，但说话要谨慎谦逊。”

14.4　子曰：“有德者必有言，有言者不必有德。仁者必有勇，勇者不必有仁。”

【译文】

孔子说：“有道德的人必定有好的言辞，有华丽言辞的人不一定有道德。有仁德的人必定勇敢，勇敢的人不一定有仁德。”

14.5　南宫适问于孔子曰：“羿善射，奡[①]荡舟，俱不得其死然。禹稷躬稼而有天下。”夫子不答。南宫适出，子曰：“君子哉若人！尚德哉若人！”

【注释】

①奡（ào）：传说中寒浞的儿子，以力大著称。

【译文】

南宫适问孔子：“后羿善于射箭，奡擅长水战，最后都不得好死。禹和稷都亲自种植庄稼，却得到了天下。”孔子没有回答。南宫适出去后，孔子说：“这个人真是个君子呀！这个人真崇尚道德！”

14.6　子曰：“君子而不仁者有矣夫，未有小人而仁者也。”

【译文】

孔子说：“是君子但不具备仁德的人也许是有的，但没有身为小人却具备仁德的。”

14.7　子曰：“爱之，能勿劳乎？忠焉，能勿诲乎？”

【译文】

孔子说：“爱他，能不为他操劳吗？忠于他，能不教诲他吗？”

14.8　子曰："为命，裨谌①草创之，世叔②讨论之，行人③子羽修饰之，东里④子产润色之。"

【注释】

①裨谌（bì chén）：人名，郑国大夫。

②世叔：即子太叔，郑国大夫，后继承子产为郑国宰相。

③行人：执掌出使的官员。

④东里：地名，子产所居之地。

【译文】

孔子说："郑国发布的政令，都由裨谌起草，世叔研究提出意见，使官子羽加以修改，最后由东里子产润色完善。"

14.9　或问子产。子曰："惠人也。"问子西。曰："彼哉！彼哉！"问管仲。曰："人也。夺伯氏骈邑①三百，饭疏食，没齿无怨言。"

【注释】

①伯氏骈邑：伯氏，齐国大夫。骈邑，伯氏的采邑。

【译文】

有人问子产是个怎样的人。孔子说："是个有恩惠于人的人。"又问子西。孔子说："他呀！他呀！"又问管仲。孔子说："是个人才。他夺走伯氏骈邑的三百家采邑，伯氏从此只能吃粗茶淡饭，但到老死对他也没有怨言。"

14.10　子曰："贫而无怨难，富而无骄易。"

【译文】

孔子说："贫穷而没有怨恨难做到，富裕而不骄傲容易做到。"

14.11 子曰："孟公绰[①]为赵、魏老[②]则优，不可以为滕、薛[③]大夫。"

【注释】

①孟公绰：鲁国大夫，有说属孟孙氏家族。

②老：古代大夫的家臣。

③滕、薛：滕、薛都是当时的小诸侯国，在今山东滕州一带。

【译文】

孔子说："孟公绰做晋国赵氏、魏氏的家臣胜任，但不能胜任滕、薛这样小国的大夫。"

14.12 子路问成人。子曰："若臧武仲之知，公绰之不欲，卞庄子之勇，冉求之艺，文之以礼乐，亦可以为成人矣。"曰："今之成人者何必然？见利思义，见危授命，久要[①]不忘平生之言，亦可以为成人矣。"

【注释】

①要：通"约"，困顿、穷困。

【译文】

子路问怎样才算一个成人。孔子说："如果具有臧武仲的智慧，孟公绰的克制，卞庄子的勇敢，冉求的多才多艺，再用礼乐加以修饰，也就可以算是一个成人了。"孔子又说："现在的成人何必一定要这样呢？见到财利而想到道义，遇到危难能舍生忘死，长久处于穷困还不忘平日的诺言，也可以算是一位成人了。”

14.13 子问公叔文子于公明贾曰：“信乎，夫子不言，不笑，不取乎？”公明贾对曰：“以告者过也。夫子时然后言，人不厌其言；乐然后笑，人不厌其笑；义然后取，人不厌其取。”子曰：“其然，岂其然乎？”

【译文】

孔子向公明贾问到公叔文子时说：“是真的吗，这位先生不说，不笑，不索取钱财？”公明贾回答道：“告诉你这话的人弄错了。这位先生到该说时才说，因此别人不厌恶他说话；快乐时才笑，因此别人不厌恶他笑；合乎道义的钱财才收取，因此别人不厌恶他收取钱财。”孔子说：“原来这样，难道真是这样吗？”

14.14 子曰：“臧武仲以防①求为后②于鲁，虽曰不要君，吾不信也。”

【注释】

①防：地名，臧武仲的封邑。

②为后：立后嗣。

【译文】

孔子说：“臧武仲用封地防邑请求鲁君为臧氏封立后嗣，虽然有人说他不是要挟君主，我不相信。”

14.15 子曰：“晋文公①谲②而不正，齐桓公③正而不谲。”

【注释】

①晋文公：姓姬，名重耳，春秋五霸之一。

②谲（jué）：欺诈，诡诈。

③齐桓公：姓姜，名小白，春秋五霸之一。

【译文】

孔子说："晋文公诡诈而不正派，齐桓公正派而不诡诈。"

14.16 子路曰："桓公杀公子纠[1]，召忽[2]死之，管仲不死。"曰："未仁乎？" 子曰："桓公九合诸侯，不以兵车，管仲之力也。如其仁，如其仁。"

【注释】

①公子纠：齐桓公小白的哥哥，因与齐桓公争位被杀。

②召忽：公子纠的家臣。

【译文】

子路说："齐桓公杀了公子纠，召忽为他自杀而死，管仲却没有自杀。"子路又说："管仲不能算是仁人吧？" 孔子说："齐桓公多次召集会盟诸侯，不用兵车武力，都是管仲的能力啊。这就是他的仁德，这就是他的仁德。"

14.17 子贡曰："管仲非仁者与？桓公杀公子纠，不能死，又相之。"子曰："管仲相桓公，霸诸侯，一匡天下，民到于今受其赐。微[1]管仲，吾其被发左衽[2]矣。岂若匹夫匹妇之为谅[3]也，自经[4]于沟渎而莫之知也。"

【注释】

①微：假如没有。

②被发左衽（rèn）：被，通“披”。衽，衣襟。左衽，当时夷狄落后民族的服饰习俗，衣襟向左边开。

③为谅：谅，信用。为谅，遵守信用。这里指小节小信。

④自经：自杀。

【译文】

子贡问：“管仲不能算是仁人吧？桓公杀了公子纠，管仲不能为公子纠而死，反而又做了齐桓公的国相。”孔子说：“管仲辅佐桓公，称霸诸侯，匡正天下，百姓至今还享受他的恩赐。如果没有管仲，我们恐怕也要披头散发、衣襟向左开了。管仲哪能像普通男女那样恪守小节，自杀在沟渠里而不为人知呀。”

14.18　公叔文子之臣大夫僎[①]与文子同升诸公。子闻之曰：“可以为文[②]矣。”

【注释】

①僎：人名。公叔文子的家臣。

②文：《逸周书·谥法解》关于“文”的谥号有六种，其中之一是“赐民爵位”。公数文子赐家臣爵位，可以称“文”。

【译文】

公叔文子的家臣僎与文子一同被提升做了卫国公室的大夫。孔子听到了这件事后说：“可以给他‘文’的谥号了。”

14.19　子言卫灵公之无道也，康子曰：“夫如是，奚而不丧？”

孔子曰:“仲叔圉[①]治宾客,祝鮀治宗庙,王孙贾治军旅。夫如是,奚其丧?”

【注释】

①仲叔圉(yǔ):即孔文子。他与祝鮀、王孙贾都是卫国的大夫。

【译文】

孔子讲到卫灵公的无道,季康子说:“既然如此,为什么他没有败亡呢?”孔子说:“因为他有仲叔圉接待宾客,祝鮀管理宗庙祭祀,王孙贾统率军队。像这样,怎么会败亡呢?”

14.20 子曰:“其言之不怍[①],则为之也难。”

【注释】

①怍(zuò):惭愧。

【译文】

孔子说:“说话如果大言不惭,那么实现这些话就很困难。”

14.21 陈成子[①]弑简公。孔子沐浴而朝,告于哀公曰:“陈恒弑其君,请讨之。”公曰:“告夫三子。”孔子曰:“以吾从大夫之后,不敢不告也。君曰‘告夫三子’者。”之三子告,不可。孔子曰:“以吾从大夫之后,不敢不告也。”

【注释】

①陈成子:即陈恒,齐国大夫。

【译文】

陈成子弑杀了齐简公。孔子沐浴上朝,告诉鲁哀公说:“陈恒杀了他的君主,请出兵讨伐他。”哀公说:“你去报告给那三位大夫吧。”

孔子退朝后说：“因为我曾经做过大夫，所以不敢不来报告。君主却说‘你去告诉那三位大夫吧。’”孔子去向那三位大夫报告，但三位大夫不同意派兵讨伐。孔子说：“因为我曾经做过大夫，所以不敢不来报告。”

14.22　子路问事君。子曰：“勿欺也，而犯之。”

【译文】

子路问怎样事奉君主。孔子说:“不能欺骗他，但可以犯颜直谏。”

14.23　子曰：“君子上达①，小人下达。”

【注释】

①上达：古人认为，上达达仁义，下达达于财利。

【译文】

孔子说：“君子通达仁义，小人通达财利。”

14.24　子曰：“古之学者为己，今之学者为人。”

【译文】

孔子说：“古代的人学习是为了提高自己，而现在的人学习是为了炫耀给别人看。”

14.25　蘧伯玉①使人于孔子，孔子与之坐而问焉，曰：“夫子何为？”对曰：“夫子欲寡其过而未能也。”使者出，子曰：“使乎！使乎！”

【注释】

①蘧（qú）伯玉：卫国大夫，名瑗，孔子到卫国时曾住在他家。

【译文】

蘧伯玉派使者去拜访孔子。孔子让使者坐下，然后问道："先生最近在做什么？"使者回答说："先生想要减少自己的错误，但未能做到。"使者走了以后，孔子说："好一位使者啊！好一位使者啊！"

14.26 子曰："不在其位，不谋其政。"曾子曰："君子思不出其位。"

【译文】

孔子说："不在那个职位，就不要考虑那个职位上的事情。"曾子说："君子考虑问题，从来不超出自己的职位范围。"

14.27 子曰："君子耻其言而过其行。"

【译文】

孔子说："君子认为说得多而做得少是可耻的。"

14.28 子曰："君子道者三，我无能焉：仁者不忧，知者不惑，勇者不惧。"子贡曰："夫子自道也。"

【译文】

孔子说："君子之道有三个方面，我都未能做到：仁德的人不忧愁，聪明的人不迷惑，勇敢的人不畏惧。"子贡说："这正是老师的自我表述。"

14.29 子贡方[①]人。子曰：“赐也贤乎哉？夫我则不暇。”

【注释】

①方：评论、诽谤。

【译文】

子贡评论别人的短处。孔子说：“赐啊，你真的比别人贤良吗？我可没有闲工夫去评论别人。”

14.30 子曰：“不患人之不己知，患其不能也。”

【译文】

孔子说：“不担心别人不了解自己，只担心自己没有本事。”

14.31 子曰：“不逆诈，不亿不信，抑亦先觉者，是贤乎！”

【译文】

孔子说：“不预先怀疑别人欺诈，也不猜测别人不诚实，然而能事先觉察别人的欺诈和不诚实，这就是贤人！”

14.32 微生亩谓孔子曰：“丘，何为是栖栖[①]者与？无乃为佞乎？”孔子曰：“非敢为佞也，疾固也。”

【注释】

①栖栖：忙碌不安、不安定的样子。

【译文】

微生亩对孔子说：“孔丘，你为什么这样忙忙碌碌，四处奔波游说呢？你不就是要显示自己的口才和花言巧语吗？”孔子说：“我不是花言巧语，只是痛恨那些顽固不化的人。”

14.33　子曰：“骥[1]不称其力，称其德也。”

【注释】

①骥：千里马。古代称善跑的马为骥。

【译文】

孔子说：“千里马不是称赞它的力气，而是称赞它的品质。”

14.34　或曰：“以德报怨，何如？”子曰：“何以报德？以直报怨，以德报德。”

【译文】

有人说：“用恩德来回报怨恨怎么样？”孔子说：“用什么来回报恩德呢？应该是用正直来回报怨恨，用恩德来回报恩德。”

14.35　子曰：“莫我知也夫！”子贡曰：“何为其莫知子也？”子曰：“不怨天，不尤人。下学而上达[1]，知我者其天乎！”

【注释】

①下学而上达：下学学人事，上达达天命。

【译文】

孔子说：“没有人了解我啊！”子贡说：“怎么能说没有人了解您呢？”孔子说：“我不埋怨天，也不责备人。下学礼乐而上达天命，了解我的只有天吧！”

14.36　公伯寮[1]愬子路于季孙。子服景伯[2]以告，曰：“夫子固有惑志于公伯寮，吾力犹能肆诸市朝[3]。”子曰：“道之将行也与，命也；道之将废也与，命也。公伯寮其如命何！”

【注释】

①公伯寮（liáo）：孔子学生，姓公伯，名寮，字子周，曾任季氏的家臣。

②子服景伯：鲁国大夫，姬姓，子服氏，名何，“景”是他的谥号。

③肆诸市朝：古时处死罪人后陈尸示众。

【译文】

公伯寮向季孙告发子路。子服景伯把这件事告诉给孔子，并且说：“季孙氏已经被公伯寮迷惑了，我的力量能够把公伯寮杀了，把他陈尸于市。”孔子说：“道能够得到推行，是天命决定的；道不能得到推行，也是天命决定的。公伯寮能把天命怎么样呢？”

14.37　子曰：“贤者辟[①]世，其次辟地，其次辟色，其次辟言。”子曰：“作者七人矣。”

【注释】

①辟：通“避”，逃避。

【译文】

孔子说：“贤人逃避动荡的社会而隐居，次一等的逃避到另外一个地方去，再次一点的逃避别人难看的脸色，再次一点的回避别人难听的话。”孔子又说：“这样做的已经有七个人了。”

14.38　子路宿于石门。晨门曰：“奚自？”子路曰：“自孔氏。”曰：“是知其不可而为之者与？”

【译文】

子路夜里住在石门。看门的人问：“从哪里来？”子路说：“从孔子那里来。”看门的人说：“是那个明知做不到却还要去做的人吗？”

14.39 子击磬[①]于卫，有荷蒉[②]而过孔氏之门者，曰：“有心哉，击磬乎！”既而曰：“鄙哉！硁硁乎！莫己知也，斯已而已矣。深则厉[③]，浅则揭。”子曰：“果哉！末[④]之难矣。”

【注释】

①磬（qìng）：一种打击乐器的名称。

②荷蒉（kuì）：荷，肩扛。蒉，草筐。肩背着草筐。

③厉：不脱衣服涉水。

④末：通“莫”，没有什么。

【译文】

孔子在卫国，一次正在敲击磬，有一位背着草筐的人从门前走过说：“这个击磬的人有心思啊！”一会儿又说：“声音硁硁的，真俗气呀，没有人了解自己，就只为自己就是了。好像涉水一样，水深就穿着衣服趟过去，水浅就撩起衣服趟过去。”孔子说：“说得真果断呀！没有办法可以说服他了。”

14.40 子张曰：“《书》云：‘高宗[①]谅阴[②]，三年不言。’何谓也？”子曰：“何必高宗？古之人皆然。君薨[③]，百官总己以听于冢宰三年。”

【注释】

①高宗：商王武丁。

②谅阴：古时天子守丧之称。一说居丧之处，即凶庐。

③薨（hōng）：古代称君王或诸侯死亡为“薨”。

【译文】

子张说："《尚书》上说：'高宗守丧，三年不谈政事。'这是什么意思？"孔子说："不仅是高宗，古人都是这样。国君死了，朝廷百官都各管自己的职事，听命于冢宰三年。"

14.41 子曰："上好礼，则民易使也。"

【译文】

孔子说："上位者喜好礼，那么百姓就容易役使了。"

14.42 子路问君子。子曰："修己以敬。"曰："如斯而已乎？"曰："修己以安人。"曰："如斯而已乎？"曰："修己以安百姓。修己以安百姓，尧舜其犹病诸！"

【译文】

子路问什么叫君子。孔子说："修养自己，保持严肃恭敬的态度。"子路说："这样就够了吗？"孔子说："修养自己，使周围的人们安乐。"子路说："这样就够了吗？"孔子说："修养自己，使所有百姓都安乐。修养自己使所有百姓都安乐，尧舜还怕难以做到呢！"

14.43 原壤①夷②俟。子曰："幼而不孙弟③，长而无述焉，老而不死，是为贼。"以杖叩其胫。

【注释】

①原壤：鲁国人，孔子的旧友。他母亲死了，他还大声歌唱，孔子认为这是大逆不道。

②夷：双腿分开而坐。

③孙弟：通“逊悌”。

【译文】

原壤叉开双腿坐着等待孔子。孔子骂他说：“年幼的时候你不讲谦逊、孝悌，长大了又没有什么可称道的成就，老而不死，真是个祸害。”说着，用手杖敲他的小腿。

14.44　阙党[1]童子将命。或问之曰：“益者与？”子曰：“吾见其居于位也，见其与先生并行也。非求益者也，欲速成者也。”

【注释】

①阙党：即阙里，孔子家住的地方。

【译文】

阙里的一个童子来向孔子传话。有人问孔子：“这是个求上进的孩子吗？”孔子说：“我看见他坐在成年人的位子上，又见他和长辈并肩而行。他不是要求上进的人，只是个急于求成的人。”

卫灵公篇第十五

15.1　卫灵公问陈[①]于孔子。孔子对曰："俎豆[②]之事，则尝闻之矣；军旅之事，未之学也。"明日遂行。

【注释】

①陈：通"阵"，军队作战时布列的阵势。

②俎(zǔ)豆：俎和豆是古代盛食物的器皿，被用作祭祀时的礼器。

【译文】

卫灵公向孔子问军队列阵之法。孔子回答说："祭祀礼仪方面的事情，我曾经听说过；用兵打仗的事，从来没有学过。"第二天，孔子便离开了卫国。

15.2　在陈绝粮，从者病，莫能兴[①]。子路愠见曰："君子亦有穷乎？"子曰："君子固穷，小人穷斯滥矣。"

【注释】

①兴：起立、站起来。

【译文】

孔子一行在陈国断了粮食，随从的人都饿病了，爬不起来了。子路很不高兴地来见孔子，说道："君子也有穷困得毫无办法的时候吗？"孔子说："君子虽然穷困，但还是坚持着；小人一遇穷困就无所不为了。"

15.3　子曰：“赐也！女以予为多学而识之者与？”对曰：“然，非与？”曰：“非也，予一以贯之。”

【译文】

孔子说：“赐啊！你以为我是多多地学习又能够记得住的吗？”子贡答道：“是啊，难道不是这样吗？”孔子说：“不是的，我只是以一个根本原理贯串所有的知识。”

15.4　子曰：“由！知德者鲜矣。”

【译文】

孔子说：“由啊！懂得德行的人太少了。”

15.5　子曰：“无为而治者，其舜也与？夫何为哉？恭己正南面而已矣。”

【译文】

孔子说：“自己从容安静就可使天下太平的人，大概只有舜吧？他做了些什么呢？庄严端正地坐在朝廷的王位上就可以了。”

15.6　子张问行。子曰：“言忠信，行笃敬，虽蛮貊①之邦，行矣。言不忠信，行不笃敬，虽州里，行乎哉？立则见其参于前也，在舆则见其倚于衡也，夫然后行。”子张书诸绅。

【注释】

①蛮貊（mò）：古人对地处边远落后部族的贬称，蛮在南方，貊在北方。

【译文】

子张问如何才能处处行得通。孔子说："说话要忠诚老实，行事要敦厚恭敬，即使到了蛮貊地区，也可以行得通。言语欺诈无信，行为刻薄轻浮，就是在本乡本土，能行得通吗？站着，就仿佛看到'忠信笃敬'这几个字显现在面前，坐在车里，就好像看到这几个字刻在车辕前的横木上，这样才能处处行得通。"子张把这些话写在腰间的大带上。

15.7　子曰："直哉史鱼①！邦有道，如矢；邦无道，如矢。君子哉蘧伯玉！邦有道，则仕；邦无道，则可卷而怀之。"

【注释】

①史鱼：卫国大夫，姓史，名鳟，字子鱼。他多次向卫灵公推荐蘧伯玉。

【译文】

孔子说："史鱼真是正直啊！国家政治清明时，他的言行像箭一样直；国家政治昏暗时，他的言行也像箭一样直。蘧伯玉也真是一位君子啊！国家政治清明时就出来做官；国家政治昏暗时就辞退官职，把自己的本领主张收藏在心里。"

15.8　子曰："可与言而不与之言，失人；不可与言而与之言，失言。知者不失人，亦不失言。"

【译文】

孔子说："可以同他谈的话，却不同他谈，这是失掉人才；不可以同他谈的话，却同他谈，这是浪费言语。有智慧的人既不失去人才，又不浪费言语。”

15.9 子曰：“志士仁人，无求生以害仁，有杀身以成仁。”

【译文】

孔子说：“志士仁人，不会因为贪生怕死而损害仁德，只会牺牲自己的性命来成全仁德。”

15.10 子贡问为仁。子曰：“工欲善其事，必先利其器。居是邦也，事其大夫之贤者，友其士之仁者。”

【译文】

子贡问怎样实行仁德。孔子说：“做工的人想把活儿做好，必须先使工具精良称手。住在这个国家，就要敬奉大夫中的贤者，结交士人中的仁人。”

15.11 颜渊问为邦。子曰：“行夏之时①，乘殷之辂②，服周之冕，乐则《韶》《舞》。放郑声③，远佞人。郑声淫，佞人殆。”

【注释】

①夏之时：夏代的历法，便于农业生产。

②殷之辂（lù）：辂，天子所乘的车。殷代的车是木制成，比较朴实。

③郑声：郑国的乐曲，孔子认为是淫声。

【译文】

颜渊问怎样治理国家。孔子说：“用夏代的历法，乘商代的车子，戴周代的礼帽，音乐用《韶》《舞》。禁绝郑国的乐曲，斥退小人。郑国的乐曲浮靡不正派，小人危险。”

15.12　子曰：“人无远虑，必有近忧。”

【译文】

孔子说：“人没有长远的考虑，一定会有眼前的忧患。”

15.13　子曰：“已矣乎！吾未见好德如好色者也。”

【译文】

孔子说：“算了吧！我从没见过喜爱道德像喜爱美色一样的人。”

15.14　子曰：“臧文仲其窃位者与！知柳下惠①之贤而不与立②也。”

【注释】

①柳下惠：春秋中期鲁国大夫，姓展，名获，字禽。

②立：通“位”，官位。

【译文】

孔子说：“臧文仲是一个窃居官位的人吧！他明知道柳下惠是个贤人，却不给他官位。”

15.15　子曰：“躬自厚而薄责于人，则远怨矣。”

【译文】

孔子说：“对自己要求严格而宽松地要求别人，就会远离怨恨了。”

15.16　子曰：“不曰‘如之何，如之何’者，吾末如之何也已矣。”

【译文】

孔子说："遇事从来不说'怎么办，怎么办'的人，我对他也不知怎么办才好。"

15.17　子曰："群居终日，言不及义，好行小慧，难矣哉！"

【译文】

孔子说："整天聚在一块，谈话不涉及道义，专好卖弄小聪明，这种人真难教导！"

15.18　子曰："君子义以为质，礼以行之，孙以出之，信以成之，君子哉！"

【译文】

孔子说："君子以义来修养自己的品质，按照礼来行事，用谦逊的语言来表达，用忠诚的态度来完成，这就是君子啊！"

15.19　子曰："君子病无能焉，不病人之不己知也。"

【译文】

孔子说："君子只担忧自己没有才能，不担忧别人不知道自己。"

15.20　子曰："君子疾没世而名不称焉。"

【译文】

孔子说："君子以死后名声不被人称述为憾事。"

15.21　子曰："君子求诸己，小人求诸人。"

【译文】

孔子说："君子要求自己，小人苛求别人。"

15.22　子曰："君子矜[1]而不争，群而不党。"

【注释】

①矜：庄重、持重。

【译文】

孔子说："君子庄重而不与人争执，合群而不结党营私。"

15.23　子曰："君子不以言举人，不以人废言。"

【译文】

孔子说："君子不凭一个人的言辞好而举荐他，也不因为一个人不好而不采纳他的言辞。"

15.24　子贡问曰："有一言而可以终身行之者乎？"子曰："其'恕'乎！己所不欲，勿施于人。"

【译文】

子贡向孔子问道："有没有一句可以终身奉行的话呢？"孔子回答说："那就是'恕'吧！自己不愿意的，不要强加给别人。"

15.25　子曰："吾之于人也，谁毁谁誉？如有所誉者，其有所试矣。斯民也，三代之所以直道而行也。"

【译文】

孔子说："我对于别人，诋毁过谁？赞美过谁？如有所赞美的，必然是经过考验了的。我曾经赞扬过的古代圣贤们，正是夏、商、周三代推行正道的依靠。”

15.26　子曰：“吾犹及史之阙文[1]也，有马者借人乘之，今亡矣夫。”

【注释】

①阙文：史官记史，遇到有疑问的地方便缺而不记，叫阙文。

【译文】

孔子说：“我还能够看到史书存疑的地方，就像有马的人，自己不会调教，先给别人使用，这种精神，今天没有了吧。”

15.27　子曰：“巧言乱德，小不忍则乱大谋。”

【译文】

孔子说：“花言巧语就足以败坏人的德行，小事情不忍耐就会败坏大事情。”

15.28　子曰：“众恶之，必察焉；众好之，必察焉。”

【译文】

孔子说：“大家都厌恶他，必须考察一下；大家都喜欢他，也一定要考察一下。”

15.29　子曰：“人能弘道，非道弘人。”

【译文】

孔子说：“人能弘扬光大道，而不是道弘扬光大人。”

15.30　子曰：“过而不改，是谓过矣。”

【译文】

孔子说：“有了过错而不改正，这才真叫错了。”

15.31　子曰：“吾尝终日不食，终夜不寝，以思，无益，不如学也。”

【译文】

孔子说：“我曾经整天不吃饭，彻夜不睡觉，去左思右想，结果没有什么进益，还不如去学习为好。”

15.32　子曰：“君子谋道不谋食。耕也，馁在其中矣；学也，禄在其中矣。君子忧道不忧贫。”

【译文】

孔子说：“君子只用心力于道义，不用心力于衣食。耕田，也常要饿肚子；学习，则可以得到俸禄。君子只担心道不能行，不担心贫穷。”

15.33　子曰：“知及之①，仁不能守之，虽得之，必失之；知及之，仁能守之，不庄以莅之，则民不敬；知及之，仁能守之，庄以莅之，动之不以礼，未善也。”

【注释】

①知及之：知，通“智”。之，一说是指百姓，一说是指国家。此处指禄位和国家天下。

【译文】

孔子说："凭借聪明才智足以得到它，但不以仁德保持它，即使得到，也一定会丧失；凭借聪明才智足以得到它，仁德可以保持它，但不用严肃的态度来治理百姓，那么百姓就会不敬；聪明才智足以得到它，仁德可以保持它，能用严肃的态度来治理百姓，但动员百姓时不按照礼的要求，那也是不够好的。"

15.34　子曰："君子不可小知而可大受也，小人不可大受而可小知也。"

【译文】

孔子说："君子不能用小事考验他，但可以让他们承担重任；小人不能让他们承担重任，但可以用小事考验他。"

15.35　子曰："民之于仁也，甚于水火。水火，吾见蹈而死者矣，未见蹈仁而死者也。"

【译文】

孔子说："百姓们对于仁德的需要，比对于水火的需要更迫切。我只见过人跳到水火中而死的，却没有见过践行仁德而死的。"

15.36　子曰："当仁，不让于师。"

【译文】

孔子说："面对仁德，就是老师也不必同他谦让。"

15.37　子曰："君子贞①而不谅。"

【注释】

①贞：一说是“正”的意思，一说是“大信”的意思。这里选用“正”的说法。

【译文】

孔子说：“君子固守正道，而不拘泥于小信。”

15.38　子曰：“事君，敬其事而后其食。”

【译文】

孔子说：“事奉君主，要认真办事而把领取俸禄的事放在后面。”

15.39　子曰：“有教无类。”

【译文】

孔子说：“人人我都教育，不分贫富、贵贱、地域。”

15.40　子曰：“道不同，不相为谋。”

【译文】

孔子说：“彼此之间的主张不同，就不要在一起共谋事业。”

15.41　子曰：“辞达而已矣。”

【译文】

孔子说：“言辞只要达意就行了。”

15.42　师冕[①]见，及阶，子曰：“阶也。”及席，子曰：“席也。”皆坐，子告之曰：“某在斯，某在斯。”师冕出，子张问曰：

“与师言之道与？”子曰：“然，固相师之道也。”

【注释】

①师冕：师，乐师。冕，人名。古代乐师一般是盲人。

【译文】

乐师冕来见孔子，走到台阶边，孔子说：“这儿是台阶。”走到坐席旁，孔子说：“这是坐席。”等大家都坐定，孔子告诉他：“某某在这里，某某在这里。”师冕走了以后，子张就问孔子：“这就是与乐师谈话的方式吗？”孔子说：“对，这本来就是帮助乐师的方式。”

季氏篇第十六

16.1　季氏将伐颛臾[①]。冉有、季路见于孔子曰："季氏将有事[②]于颛臾。"

孔子曰："求！无乃尔是过与？夫颛臾，昔者先王以为东蒙主，且在邦域之中矣，是社稷之臣也。何以伐为？"

冉有曰："夫子欲之，吾二臣者皆不欲也。"

孔子曰："求！周任[③]有言曰：'陈力就列[④]，不能者止。'危而不持，颠而不扶，则将焉用彼相矣？且尔言过矣，虎兕[⑤]出于柙，龟玉毁于椟中，是谁之过与？"

冉有曰："今夫颛臾，固而近于费。今不取，后世必为子孙忧。"

孔子曰："求！君子疾夫舍曰欲之而必为之辞。丘也闻有国有家者，不患寡而患不均，不患贫而患不安。盖均无贫，和无寡，安无倾。夫如是，故远人不服，则修文德以来之。既来之，则安之。今由与求也，相夫子，远人不服，而不能来也；邦分崩离析，而不能守也；而谋动干戈于邦内。吾恐季孙之忧，不在颛臾，而在萧墙之内也！"

【注释】

①颛臾（zhuān yú）：鲁国的附属国，在今山东费县西部。

②有事：指有军事行动。

③周任：人名，周代史官。

④陈力就列：陈力，发挥能力。按才力担任适当的职务。

⑤ 兕（sì）：雌性犀牛。

【译文】

季氏将要讨伐颛臾。冉有、子路去见孔子说："季氏就要攻打颛臾了。"

孔子说："冉求！这难道不是你的过错吗？颛臾，从前周天子让他主持东蒙山的祭祀，而且它已经在鲁国的疆域之内，是鲁国的臣属啊，为什么要讨伐他呢？"

冉有说："季孙大夫想去攻打，我们两个人都不愿意。"

孔子说："冉求！周任有句话说：'尽自己的力量去负担你的职务，实在做不好就辞职。'比如一个盲人有了危险不去扶助，跌倒了不去搀扶，那还用辅助的人干什么呢？而且你说的话错了。老虎、犀牛从笼子里跑出来，龟甲、玉器在匣子里毁坏了，这是谁的过错呢？"

冉有说："现在颛臾城墙坚固，而且离季孙大夫的采邑费邑很近。现在不把它夺取过来，将来一定会成为后世子孙的忧患。"

孔子说："冉求！君子痛恨那种不说自己贪得无厌，却一定另找借口的言辞态度。我听说，对于诸侯和大夫，不必忧患财富不多，只需忧患财富不均，不怕贫穷而怕上下不安。如果人民各安其分，也就没有所谓贫穷；如果大家和睦，就不会感到人少；如果安定了，也就没有倾覆的危险了。做到这样，如果远方的人还不归服，就用仁、义、礼、乐招徕他们。已经来了，就让他们安心生活下去。现在，仲由和冉求你们两个人辅助季氏，远方的人不归服，而不能招徕他们；国家支离破碎，却不能保全；反而策划在国内使用武力。我只怕季孙的忧患不在颛臾，而是在鲁君呢！"

16.2　孔子曰："天下有道，则礼乐征伐自天子出；天下无道，则礼乐征伐自诸侯出。自诸侯出，盖十世希不失矣；自大夫出，五世希不失矣；陪臣执国命，三世希不失矣。天下有道，则政不在大夫。天下有道，则庶人不议。"

【译文】

孔子说："天下太平的时候，制作礼乐和出兵打仗都由天子做决定；天下混乱的时候，制作礼乐和出兵打仗，由诸侯做决定。由诸侯做决定，大概经过十代很少有不垮台的；由大夫做决定，经过五代很少有不垮台的；若是大夫的家臣把持国家政权，传到三代很少有不垮台的。天下太平，国家政权就不会落在大夫手中。天下太平，老百姓也就不会议论纷纷了。"

16.3　孔子曰："禄之去公室五世矣，政逮于大夫四世矣，故夫三桓之子孙微矣。"

【译文】

孔子说："国君失去国家政权已经有五代了，政权落在大夫之手已经四代了，所以三桓的子孙也衰微了。"

16.4　孔子曰："益者三友，损者三友。友直，友谅，友多闻，益矣。友便辟，友善柔，友便佞，损矣。"

【译文】

孔子说："有益的朋友有三种，有害的朋友有三种。同正直的人交友，同诚信的人交友，同见闻广博的人交友，这是有益的。同惯于走邪道的人交朋友，同善于阿谀奉承的人交朋友，同惯于花言巧语的人交朋友，这是有害的。”

16.5　孔子曰：“益者三乐，损者三乐。乐节礼乐，乐道人之善，乐多贤友，益矣。乐骄乐，乐佚[1]游，乐宴乐，损矣。”

【注释】

①佚：通“逸”。

【译文】

孔子说：“有益的快乐有三种，有害的快乐有三种。以礼乐调节自己为快乐，以称道别人的好处为快乐，以有许多贤德之友为快乐，这是有益的。以骄肆之乐为快乐，以安逸游乐为快乐，以饮酒作乐为快乐，这是有害的。”

16.6　孔子曰：“侍于君子有三愆[1]：言未及之而言谓之躁，言及之而不言谓之隐，未见颜色而言谓之瞽。”

【注释】

①愆（qiān）：过失。

【译文】

孔子说：“事奉在君子旁边要注意避免犯三种过失：还没有问到你的时候就说话，这是急躁；已经问到你的时候你却不说，这叫隐瞒；不看君子的脸色而贸然说话，这是盲目。”

16.7　孔子曰：“君子有三戒：少之时，血气未定，戒之在色；及其壮也，血气方刚，戒之在斗；及其老也，血气既衰，戒之在得。”

【译文】

孔子说："君子有三种事情应引以为戒：年少的时候，血气还不成熟，要戒除对女色的迷恋；等到成年以后，血气方刚，要戒除好胜斗勇；等到老年，血气已经衰弱了，要戒除贪得无厌。"

16.8 孔子曰："君子有三畏：畏天命，畏大人，畏圣人之言。小人不知天命而不畏也，狎大人，侮圣人之言。"

【译文】

孔子说："君子有三件敬畏的事情：敬畏天命，敬畏地位高贵的人，敬畏圣人的话。小人不懂得天命，因而也不懂得敬畏，不尊重地位高贵的人，轻侮圣人之言。"

16.9 孔子曰："生而知之者，上也；学而知之者，次也；困而学之，又其次也；困而不学，民斯为下矣。"

【译文】

孔子说："生来就知道的人，是上等人；经过学习以后才知道的，是次一等的人；实践中遇到困难再去学习的，是又次一等的人；遇到困难还不学习的人，这种人就是下等的人了。"

16.10 孔子曰："君子有九思：视思明，听思聪，色思温，貌思恭，言思忠，事思敬，疑思问，忿思难，见得思义。"

【译文】

孔子说："君子有九种考虑：看的时候要明察，听的时候要听清，脸色要温和，态度要恭敬，说话要忠诚，办事要敬慎，产生疑惑要询问，生气时要避免惹祸，得到利益要考虑是否符合道义。”

16.11　孔子曰：“见善如不及，见不善如探汤。吾见其人矣，吾闻其语矣。隐居以求其志，行义以达其道。吾闻其语矣，未见其人也。”

【译文】

孔子说：“看到善良的行为，就努力追求，担心达不到；看到不善良的行动，就好像把手伸到开水中一样赶快避开。我见到过这样的人，也听到过这样的话。以隐居避世来保全自己的志向，依照义而贯彻自己的主张。我听到过这种话，却没有见到过这样的人。”

16.12　齐景公有马千驷，死之日，民无德而称焉。伯夷、叔齐饿于首阳之下，民到于今称之。其斯之谓与？

【译文】

齐景公有四千匹马，死的时候，百姓们觉得他没有什么德行可以称颂。伯夷、叔齐饿死在首阳山下，百姓们到现在还在称颂他们。说的就是这个意思吧？

16.13　陈亢问于伯鱼曰：“子亦有异闻乎？”对曰：“未也。尝独立，鲤趋而过庭。曰：‘学《诗》乎？’对曰：‘未也。’‘不学《诗》，无以言。’鲤退而学《诗》。他日，又独立，鲤趋而过庭。曰：‘学礼乎？’对曰：‘未也。’‘不学礼，无以立。’鲤退而学礼。闻斯二者。”陈亢退而喜曰：“问一得三，闻《诗》，闻礼，又闻君子之远其子也。”

【译文】

陈亢问伯鱼："你在老师那里听到过什么特别的教诲吗？"伯鱼回答说："没有呀。有一次他独自站在堂上，我快步从庭里走过，他说：'学《诗经》了吗？'我回答说：'没有。'他说：'不学《诗经》，说话就不会得体。'我回去就学《诗经》。又有一天，他又独自站在堂上，我快步从庭里走过，他说：'学礼了吗？'我回答说：'没有。'他说：'不学礼就不懂得怎样立身。'我回去就学礼。我就听到过这两件事。"陈亢回去高兴地说："我提一个问题，得到三方面的收获，听了关于《诗经》的道理，听了关于礼的道理，又听了君子不偏爱自己儿子的道理。"

16.14　邦君之妻，君称之曰夫人，夫人自称曰小童；邦人称之曰君夫人，称诸异邦曰寡小君；异邦人称之亦曰君夫人。

【译文】

国君的妻子，国君称她为夫人，夫人自称为小童；国人称她为君夫人，对他国人则称她为寡小君；他国人也称她为君夫人。

阳货篇第十七

17.1　阳货[①]欲见孔子，孔子不见，归[②]孔子豚。孔子时其亡也，而往拜之。遇诸涂[③]。谓孔子曰："来！予与尔言。"曰："怀其宝而迷其邦，可谓仁乎？"曰："不可。""好从事而亟[④]失时，可谓知乎？"曰："不可。""日月逝矣，岁不我与。"孔子曰："诺，吾将仕矣。"

【注释】

①阳货：又叫阳虎，季氏的家臣。

②归（kuì）：通"馈"，赠送。

③涂：通"途"，道路。

④亟（qì）：屡次。

【译文】

阳货想要见孔子，孔子不见，他便送给孔子一只熟小猪，想要孔子去他家道谢。孔子等到阳货不在家时，往阳货家拜谢。两人在半路上遇见了。阳货对孔子说："来，我有话要跟你说。"阳货说："把自己的本领藏起来而听任国家的事情糊里糊涂，这可以叫作仁爱吗？"孔子回答说："不可以。"阳货又说："喜欢参与政事而又屡次错过机会，这可以说是聪明吗？"孔子回答说："不可以。"阳货又说："时间一天天过去了，年岁是不等人的。"孔子说："好吧，我打算去做官了。"

17.2　子曰："性相近也，习相远也。"

【译文】

孔子说："人的本性是相近的，由于习染不同，才相互有了差别。"

17.3　子曰："唯上知与下愚不移。"

【译文】

孔子说："只有上等的智者与下等的愚者是改变不了的。"

17.4　子之武城，闻弦歌之声。夫子莞尔而笑，曰："割鸡焉用牛刀？"子游对曰："昔者偃也闻诸夫子曰：'君子学道则爱人，小人学道则易使也。'"子曰："二三子！偃之言是也。前言戏之耳。"

【译文】

孔子到武城，听见弹琴唱歌的声音。孔子微笑着说："杀鸡何必用宰牛的刀呢？"子游回答说："以前我听先生说过：'君子学习了礼乐就能有仁爱之心，百姓学习了礼乐就容易听指挥。'"孔子说："学生们，言偃的话是对的。我刚才说的话，只是开个玩笑而已。"

17.5　公山弗扰[①]以费畔，召，子欲往。子路不说，曰："末之也已，何必公山氏之之[②]也？"子曰："夫召我者，而岂徒哉？如有用我者，吾其为东周[③]乎！"

【注释】

①公山弗扰：人名，又称公山不狃，字子洩，季氏的家臣。

②之之：前一个"之"字是助词，后一个"之"字是动词，去、到。

③为东周：建造一个东方的周王朝，在东方复兴周礼。

【译文】

公山弗扰盘踞费邑反叛，来召孔子，孔子准备前去。子路不高兴地说："没有地方去就算了，为什么一定要去公山弗扰那里呢？"孔子说："他来召我，难道是平白无故的吗？如果有人用我，我就要在东方复兴周礼！"

17.6　子张问仁于孔子。孔子曰："能行五者于天下为仁矣。"

"请问之。"曰："恭、宽、信、敏、惠。恭则不侮，宽则得众，信则人任焉，敏则有功，惠则足以使人。"

【译文】

子张向孔子问仁。孔子说："能够处处实行五种品德，就是仁人了。"

子张说："请问哪五种。"孔子说："恭敬、宽厚、诚信、勤敏、慈惠。恭敬就不致遭受侮辱，宽厚就会得到众人拥护，诚信就能得到别人任用，勤敏就会提高工作效率，慈惠就能够支使他人。"

17.7　佛肸[①]召，子欲往。子路曰："昔者由也闻诸夫子曰：'亲于其身为不善者，君子不入也。'佛肸以中牟[②]畔，子之往也，如之何？"子曰："然，有是言也。不曰坚乎，磨而不磷[③]；不曰白乎，涅[④]而不缁。吾岂匏瓜也哉？焉能系而不食？"

【注释】

①佛肸（bì xī）：晋国大夫范氏家臣，中牟城地方官。

②中牟：地名，在晋国，约在今河北邢台与邯郸之间。

③磷：意指薄、损。

④涅：一种矿物质，可用作颜料染衣服。

【译文】

佛肸召见孔子，孔子打算前往。子路说："从前我听先生说过：'亲自做坏事的人那里，君子是不去的。'现在佛肸在中牟反叛，您却要去，这如何解释呢？"孔子说："是的，我有过这样的话。不是说坚硬的东西磨也磨不薄吗？不是说洁白的东西染也染不黑吗？我难道是个苦味的葫芦吗？怎么能只挂在那里而不给人吃呢？"

17.8　子曰："由也，女闻六言六蔽矣乎？"对曰："未也。""居，吾语女。好仁不好学，其蔽也愚；好知不好学，其蔽也荡；好信不好学，其蔽也贼；好直不好学，其蔽也绞；好勇不好学，其蔽也乱；好刚不好学，其蔽也狂。"

【译文】

孔子说："仲由呀，你听说过六种品德和六种弊病吗？"子路回答说："没有。"孔子说："坐下，我告诉你。爱好仁德而不爱好学习，它的弊病是容易受人愚弄；爱好智慧而不爱好学习，它的弊病是行为放荡；爱好诚信而不爱好学习，它的弊病是容易被利用而危害自己；爱好直率却不爱好学习，它的弊病是说话尖刻；爱好勇敢却不爱好学习，它的弊病是作乱闯祸；爱好刚强却不爱好学习，它的弊病是狂妄自大。"

17.9　子曰："小子何莫学夫《诗》？《诗》，可以兴，可以观，

可以群，可以怨。迩[1]之事父，远之事君；多识于鸟兽草木之名。”

【注释】

①迩（ěr）：近。

【译文】

孔子说：“学生们为什么不研究《诗经》呢？学《诗经》可以激发志气，可以提高观察能力，可以使人懂得合群的必要，可以学得讽谏方法。近可以用来侍奉父母，远可以事奉君主；还可以多知道一些鸟兽草木的名字。”

17.10　子谓伯鱼曰：“女为《周南》《召南》[1]矣乎？人而不为《周南》《召南》，其犹正墙面而立[2]也与？”

【注释】

①《周南》《召南》：《诗经·国风》中的篇名。

②正墙面而立：面向墙壁站立着。

【译文】

孔子对伯鱼说：“你学习《周南》《召南》了吗？一个人如果不学习《周南》《召南》，那就像面对墙壁而站着吧？”

17.11　子曰：“礼云礼云，玉帛云乎哉？乐云乐云，钟鼓云乎哉？”

【译文】

孔子说：“礼呀礼呀，只是说的玉帛之类的礼器吗？乐呀乐呀，只是说的钟鼓之类的乐器吗？”

17.12　子曰："色厉而内荏，譬诸小人，其犹穿窬[①]之盗也与？"

【注释】

①窬（yú）：墙洞。

【译文】

孔子说："外表严厉而内心怯懦，若以小人作比喻，就像是挖墙洞的小偷吧？"

17.13　子曰："乡原[①]，德之贼也。"

【注释】

①乡原：原，通"愿"。没有是非原则的好好先生。

【译文】

孔子说："没有是非原则的好好先生，就是败坏道德的人。"

17.14　子曰："道听而途说，德之弃也。"

【译文】

孔子说："在路上听到传言就到处去传播，这是对道德的抛弃。"

17.15　子曰："鄙夫可与事君也与哉？其未得之也，患得之。既得之，患失之。苟患失之，无所不至矣。"

【译文】

孔子说："难道可以和一个鄙夫一起事奉君主吗？他在没有得到官位时，总担心得不到。已经得到了，又怕失去它。如果他担心失掉官职，那他就什么事都干得出来了。"

17.16 子曰："古者民有三疾，今也或是之亡也。古之狂也肆，今之狂也荡；古之矜也廉，今之矜也忿戾①；古之愚也直，今之愚也诈而已矣。"

【注释】

①忿戾（fèn lì）：蛮横无理，动辄发怒。

【译文】

孔子说："古代人有三种毛病，现在恐怕连这三种毛病也没有了。古代狂妄的人不过是不拘小节，现在的狂妄者却是放荡不羁；古代矜持的人不过是棱角锋利使人难以接近，现在那些矜持的人却是凶恶蛮横；古代愚笨的人不过是直率一些，现在的愚笨者却是欺诈了。"

17.17 子曰："巧言令色，鲜矣仁。"

【译文】

孔子说："花言巧语，面貌伪善，这种人的仁德是不会多的。"

17.18 子曰："恶紫之夺朱也，恶郑声之乱雅乐也，恶利口之覆邦家者。"

【译文】

孔子说："我厌恶用紫色取代红色，厌恶用郑国的声乐扰乱雅乐，厌恶用伶牙俐齿颠覆国家这样的事情。"

17.19 子曰："予欲无言。"子贡曰："子如不言，则小子何述焉？"子曰："天何言哉？四时行焉，百物生焉，天何言哉？"

【译文】

孔子说："我不想说了。"子贡说："您如果不说话，那么我们这些学生还传述什么呢？"孔子说："天说什么了吗？四季照常运行，百物照样生长。天说什么了吗？"

17.20　孺悲[1]欲见孔子，孔子辞以疾。将命者出户，取瑟而歌，使之闻之。

【注释】

①孺悲：鲁国人，鲁哀公曾派他向孔子学礼。

【译文】

孺悲想见孔子，孔子以有病为由推辞不见。传话的人刚出门，孔子便取来瑟边弹边唱，有意让孺悲听到。

17.21　宰我问："三年之丧，期已久矣。君子三年不为礼，礼必坏；三年不为乐，乐必崩。旧谷既没，新谷既升，钻燧改火[1]，期可已矣。"

子曰："食夫稻[2]，衣夫锦，于女安乎？"

曰："安。"

"女安，则为之！夫君子之居丧，食旨[3]不甘，闻乐不乐，居处不安，故不为也。今女安，则为之！"

宰我出，子曰："予之不仁也！子生三年，然后免于父母之怀。夫三年之丧，天下之通丧也。予也有三年之爱于其父母乎？"

【注释】

①钻燧改火：古人钻木取火，四季所用木头不同，每年轮一遍，叫改火。

②食夫稻：古代北方少种稻米，故大米很珍贵。这里是说吃好的。

③旨：甜美，指吃好的食物。

【译文】

宰我问："父母去世，服丧三年，时间太长了。君子三年不讲究礼仪，礼仪必然败坏；三年不演奏音乐，音乐就会荒废。旧谷吃完，新谷登场，钻燧取火的木头轮过了一遍，有一年的时间就可以了。"

孔子说："父母去世不到三年，你就吃精细的稻米，穿织锦的衣服，你心安吗？"

宰我说："我心安。"

孔子说："你心安，你就那样去做吧！君子守丧，吃美味不觉得香甜，听音乐不觉得快乐，住在家里不觉得舒服，所以不那样做。如今你既觉得心安，你就那样去做吧！"

宰我出去后，孔子说："宰予真是不仁啊！小孩生下来，到三岁时才能离开父母的怀抱。服丧三年，这是天下通行的丧礼。难道宰予就没有从他父母那里得到三年怀抱的爱护吗？"

17.22　子曰："饱食终日，无所用心，难矣哉！不有博弈者乎？为之，犹贤乎已。"

【译文】

孔子说："整天吃饱了饭，什么心思也不用，太难了！不是还有下棋的游戏吗？干这个，也比闲着好。"

17.23　子路曰："君子尚勇乎？"子曰："君子义以为上。君子有勇而无义为乱，小人有勇而无义为盗。"

【译文】

子路说："君子崇尚勇敢吗？"孔子答道："君子以义作为高尚的品德。君子有勇无义就会作乱，小人有勇无义就会做强盗。"

17.24　子贡曰："君子亦有恶乎？"子曰："有恶。恶称人之恶者，恶居下流而讪上者，恶勇而无礼者，恶果敢而窒者。"曰："赐也亦有恶乎？""恶徼[1]以为知者，恶不孙以为勇者，恶讦[2]以为直者。"

【注释】

①徼（jiāo）：窃取、抄袭。

②讦（jié）：攻击、揭发别人。

【译文】

子贡说："君子也有厌恶的事吗？"孔子说："有厌恶的事。厌恶宣扬别人坏处的人，厌恶身居下位而诽谤上级的人，厌恶勇敢而不懂礼节的人，厌恶固执而又不通事理的人。"孔子又说："赐，你也有厌恶的事吗？"子贡说："厌恶抄袭别人的成绩而自以为聪明的人，厌恶把不谦虚当做勇敢的人，厌恶揭发别人的隐私而自以为直率的人。"

17.25　子曰："唯女子与小人为难养也。近之则不孙，远之则怨。"

【译文】

孔子说："只有女子和小人是难以与他们共处的。亲近他们，他们就会无礼；疏远他们，他们就会抱怨。"

17.26　子曰："年四十而见恶焉，其终也已。"

【译文】

孔子说："到了四十岁的时候还被人所厌恶，他这一生也就这样了。"

微子篇第十八

18.1　微子①去之，箕子②为之奴，比干③谏而死。孔子曰：“殷有三仁焉。”

【注释】

①微子：殷纣王的同母兄长，见纣王无道，劝他不听，遂离开纣王。

②箕（jī）子：殷纣王的叔父，他去劝纣王，纣王不听，便披发装疯，被降为奴隶。

③比干：殷纣王的叔父，屡次强谏，激怒纣王而被杀。

【译文】

微子离开了纣王，箕子做了纣王的奴隶，比干劝谏纣王而被杀。孔子说：“这是殷朝的三位仁人。”

18.2　柳下惠为士师，三黜。人曰：“子未可以去乎？”曰：“直道而事人，焉往而不三黜？枉道而事人，何必去父母之邦？”

【译文】

柳下惠做官，屡次被罢免。有人说：“你不可以离开鲁国吗？”柳下惠说：“以正直之道事奉人，到哪里不会被屡次罢官呢？如果以邪曲之道事奉人，为什么一定要离开本国呢？”

18.3　齐景公待孔子曰：“若季氏，则吾不能，以季、孟

之间待之。”曰：“吾老矣，不能用也。”孔子行。

【译文】

齐景公讲到对待孔子的礼节时说：“像鲁君对待季氏那样，我做不到，我用介于季氏、孟氏之间的待遇对待他。”又说：“我老了，不能用他了。”孔子就离开了齐国。

18.4　齐人归女乐，季桓子受之，三日不朝。孔子行。

【译文】

齐国人赠送了一些歌姬舞女给鲁国，季桓子接受了，三天不问政事。孔子就离开了鲁国。

18.5　楚狂接舆①歌而过孔子曰：“凤兮凤兮！何德之衰？往者不可谏，来者犹可追。已而，已而！今之从政者殆而！”孔子下，欲与之言。趋而辟之，不得与之言。

【注释】

①楚狂接舆：楚国叫接舆的狂人。

【译文】

楚国的狂人接舆唱着歌从孔子的车旁走过，他唱道：“凤凰啊，凤凰！你的德运怎么这么衰弱呢？过去的已经无可挽回，未来的还来得及改正。算了吧，算了吧！今天的执政者岌岌可危了！”孔子下车，想同他谈谈。他却赶快避开，孔子没能和他交谈。

18.6　长沮、桀溺①耦而耕②，孔子过之，使子路问津③焉。

长沮曰：“夫执舆者为谁？”

子路曰："为孔丘。"

曰："是鲁孔丘与？"

曰："是也。"

曰："是知津矣。"

问于桀溺。

桀溺曰："子为谁？"

曰："为仲由。"

曰："是鲁孔丘之徒与？"

对曰："然。"

曰："滔滔者天下皆是也，而谁以易之？且而与其从辟[4]人之士也，岂若从辟世之士哉？"耰[5]而不辍。

子路行以告。

夫子怃然[6]曰："鸟兽不可与同群，吾非斯人之徒与而谁与？天下有道，丘不与易也。"

【注释】

①长沮、桀溺：两位隐士，真实姓名和身世不详。

②耦而耕：两个人合力耕作。

③津：渡口。

④辟：通"避"。

⑤耰（yōu）：此指用土覆盖种子。

⑥怃（wǔ）然：怅然、失意。

【译文】

长沮、桀溺合力耕种，孔子路过，让子路去寻问渡口在哪里。

长沮问子路："那个拿着缰绳驾车的人是谁？"

子路说："是孔丘。"

长沮说："是鲁国的孔丘吗？"

子路说："是的。"

长沮说："那他是早已知道渡口的位置了。"

子路再去问桀溺。

桀溺说："你是谁？"

子路说："我是仲由。"

桀溺说："你是鲁国孔丘的学生吗？"

子路说："是的。"

桀溺说："整个天下都像滔滔洪水一样浑浊不清，你们同谁去改变它呢？而且你与其跟随能避开恶人的志士，难道能比上跟随避开乱世的隐士吗？"说完，仍旧不停地做田里的农活。

子路回来后把情况告诉孔子。

孔子怅然说道："人是不能与飞禽走兽合群共处的，但如果不同世上的人群打交道还与谁打交道呢？如果天下有道，我就不会去改变它了。"

18.7　子路从而后，遇丈人，以杖荷蓧[①]。

子路问曰："子见夫子乎？"

丈人曰："四体不勤，五谷不分，孰为夫子？"植其杖而芸[②]。

子路拱而立。

止子路宿，杀鸡为黍而食之，见其二子焉。

明日，子路行以告。

子曰："隐者也。"使子路反见之。至，则行矣。

子路曰："不仕无义。长幼之节，不可废也；君臣之义，如之何其废之？欲洁其身，而乱大伦。君子之仕也，行其义也。道之不行，已知之矣。"

【注释】

①蓧（diào）：古代除草所用的农具。

②芸：除草。

【译文】

子路跟随孔子出行，落在了后面，遇到一个老丈，用拐杖挑着除草的工具。

子路问道："您看到我的老师吗？"

老丈说："那些四肢不勤劳，五谷分不清的人，谁是老师呢？"说完，便扶着拐杖去除草。

子路拱着手恭敬地站在一旁。

老丈留子路到他家住宿，杀了鸡，做了小米饭给他吃，又叫两个儿子出来与子路见面。

第二天，子路赶上孔子，把这件事告诉了孔子。

孔子说："这是个隐士啊。"叫子路回去再看看他。子路到了那里，老丈已经走了。

子路说："不做官是不合道义的。长幼间的礼节是不可能废弃的；君臣间的礼义怎么能废弃呢？想要自身清白，却破坏了根本的君臣伦理关系。君子做官，只是尽道义上的责任。至于理想的治道行不通，早就知道了。"

18.8 **逸民：伯夷、叔齐、虞仲、夷逸、朱张、柳下惠、少连。**

子曰:“不降其志,不辱其身,伯夷、叔齐与!”谓:“柳下惠、少连,降志辱身矣,言中伦,行中虑,其斯而已矣。”谓:“虞仲、夷逸,隐居放言,身中清,废中权。我则异于是,无可无不可。”

【译文】

被遗落的人才有:伯夷、叔齐、虞仲、夷逸、朱张、柳下惠、少连。孔子说:“不动摇自己的意志,不屈辱自己的身份,这是伯夷、叔齐吧!”孔子又说:“柳下惠、少连是被迫降低自己的意志,屈辱自己的身份,但说话合乎伦理,行为合乎人心,仅仅这样而已。”孔子又说:“虞仲、夷逸过着隐居的生活,不谈论世事,能洁身自爱,离开官位合乎权宜。我却同这些人不同,可以这样做,也可以那样做。”

18.9 大师挚适齐,亚饭①干适楚,三饭缭适蔡,四饭缺适秦,鼓方叔②入于河,播鼗③武入于汉,少师④阳、击磬襄⑤入于海。

【注释】

①亚饭、三饭、四饭:都是乐官名。干、缭、缺是人名。

②鼓方叔:击鼓的乐师,名方叔。

③鼗(táo):小鼓。

④少师:乐官名,副乐师。

⑤击磬襄:击磬的乐师,名襄。

【译文】

太师挚到齐国去了,二饭乐师干到楚国去了,三饭乐师缭到蔡国去了,四饭乐师缺到秦国去了,打鼓的方叔到了黄河边,敲小鼓的武到了汉水边,少师阳和击磬的襄到了海滨。

18.10　周公谓鲁公曰："君子不施[1]其亲，不使大臣怨乎不以。故旧无大故，则不弃也。无求备于一人。"

【注释】

①施：通"弛"，怠慢、疏远。

【译文】

周公对鲁公说："君子不疏远他的亲属，不使大臣们抱怨不被任用。旧友老臣没有大的过失，就不要抛弃他们，不要对人求全责备。"

18.11　周有八士：伯达、伯适、仲突、仲忽、叔夜、叔夏、季随、季騧。

【译文】

周代有八位名士：伯达、伯适、仲突、仲忽、叔夜、叔夏、季随、季騧。

子张篇第十九

19.1　子张曰："士见危致命，见得思义，祭思敬，丧思哀，其可已矣。"

【译文】

子张说："士遇见危险时敢于献身，看见有利可得时能考虑是否合乎道义，祭祀时能想到严肃恭敬，居丧的时候想到哀伤，这样就可以了。"

19.2　子张曰："执德不弘，信道不笃，焉能为有？焉能为亡？"

【译文】

子张说："实行德而不能发扬光大，信仰道而不忠实坚定，这样的人有他不为多，没他也不为少。"

19.3　子夏之门人问交于子张。子张曰："子夏云何？"对曰："子夏曰：'可者与之，其不可者拒之。'"子张曰："异乎吾所闻：君子尊贤而容众，嘉善而矜不能。我之大贤与，于人何所不容？我之不贤与，人将拒我，如之何其拒人也？"

【译文】

子夏的学生向子张询问怎样结交朋友。子张说："子夏是怎么说的？"答道："子夏说：'人品可以的就和他交朋友，人品不可以的就拒绝他。'" 子张说："我所听到的和这些不一样：君子既尊重贤人，又能包容众人；能够赞美善人，又能同情能力不够的人。如果我是十分贤良的人，那我对别人有什么容不下的呢？我如果不贤良，那人家就会拒绝我，我又怎么能拒绝人家呢？"

19.4　子夏曰："虽小道，必有可观者焉；致远恐泥，是以君子不为也。"

【译文】

子夏说："即使是些小技艺，也一定有可取的地方；只是对于远大理想的实现，恐怕会有妨碍，因此君子才不从事它。"

19.5　子夏曰："日知其所亡，月无忘其所能，可谓好学也已矣。"

【译文】

子夏说："每天学到一些过去所不知道的东西，每月都不忘记已经学会的东西，这就可以叫作好学了。"

19.6　子夏曰："博学而笃志，切问而近思，仁在其中矣。"

【译文】

子夏说："博览群书广泛学习，坚定自己的意志，又能诚恳地提问，深刻地思考，仁就在其中了。"

19.7　子夏曰："百工居肆[1]以成其事，君子学以致其道。"

【注释】

①百工居肆：百工，各行各业的工匠。肆，古代社会制作物品的作坊。

【译文】

子夏说："各行各业的工匠在作坊里劳作来完成自己的工作，君子通过学习来掌握道。"

19.8　子夏说："小人之过也必文。"

【译文】

子夏说："小人犯了过错总是要掩饰。"

19.9　子夏曰："君子有三变：望之俨然，即之也温，听其言也厉。"

【译文】

子夏说："君子给人的印象有三变：远看他的样子庄严可畏，接近他又温和可亲，听他说话语言严厉不苟。"

19.10　子夏曰："君子信而后劳其民；未信，则以为厉己也。信而后谏；未信，则以为谤己也。"

【译文】

子夏说："君子必须取得信任之后才去役使百姓；否则百姓就会以为是在虐待他们。要先取得信任，然后才去进谏；否则，君主就会以为你在诽谤他。"

19.11　子夏曰："大德不逾闲[①]，小德出入可也。"

【注释】

①闲：阑，栅栏，引申为法度、界限。

【译文】

子夏说："大节上不能超越界限，小节上有些出入是可以的。"

19.12　子游曰："子夏之门人小子，当洒扫应对进退，则可矣，抑末也。本之则无，如之何？"子夏闻之，曰："噫，言游过矣！君子之道，孰先传焉？孰后倦焉？譬诸草木，区以别矣。君子之道，焉可诬也？有始有卒者，其惟圣人乎！"

【译文】

子游说："子夏的学生，做些打扫和迎送客人的事情是可以的，但这些不过是末节小事。根本的东西却没有学到，这怎么行呢？"子夏听了，说："唉，子游错了！君子之道先传授哪一条，后传授哪一条，这就像草木一样，都是分类区别的。君子之道怎么可以随意歪曲呢？能按次序有始有终地教授学生们，恐怕只有圣人吧！"

19.13　子夏曰："仕而优则学，学而优则仕。"

【译文】

子夏说："做官如果有余力，就可以去学习；学习如果有余力，就可以去做官。"

19.14　子游曰："丧致乎哀而止。"

【译文】

子游说："丧事做到尽哀也就可以了。"

19.15 子游曰："吾友张也，为难能也，然而未仁。"

【译文】

子游说："我的朋友子张，可以说是难能可贵的了，然而还没有做到仁。"

19.16 曾子曰："堂堂乎张也，难与并为仁矣。"

【译文】

曾子说："仪表堂堂的子张，别人难以和他同修仁德。"

19.17 曾子曰："吾闻诸夫子：人未有自致者也，必也亲丧乎！"

【译文】

曾子说："我听老师说过：人不可能自动地充分抒发感情，如果有，一定是在父母死亡的时候。"

19.18 曾子曰："吾闻诸夫子：孟庄子①之孝也，其他可能也，其不改父之臣与父之政，是难能也。"

【注释】

①孟庄子：鲁国大夫仲孙速。

【译文】

曾子说："我听老师说过：孟庄子的孝，其他的都可以做到，但他不改变父亲的旧臣及其政治措施，这是别人难以做到的。”

19.19　孟氏使阳肤[①]为士师，问于曾子。曾子曰：“上失其道，民散久矣。如得其情，则哀矜而勿喜。”

【注释】

①阳肤：曾子的学生。

【译文】

孟氏任命阳肤做典狱官，阳肤向曾子请教。曾子说：“在上位的人离开了正道，不依规矩行事，百姓早就离心离德了。你如果能弄清他们犯罪的实情，就应当怜悯他们，而不要自鸣得意。”

19.20　子贡曰：“纣之不善，不如是之甚也。是以君子恶居下流，天下之恶皆归焉。”

【译文】

子贡说：“商纣王的坏，不像传说的那样厉害。所以君子憎恨身处低下的境地，使天下一切坏名声都归到他身上。”

19.21　子贡曰：“君子之过也，如日月之食焉：过也，人皆见之；更也，人皆仰之。”

【译文】

子贡说：“君子的过错好比日蚀月蚀：他犯过错，人们都看得见；他改正过错，人们都敬仰他。”

19.22　卫公孙朝[①]问于子贡曰：“仲尼焉学？”子贡曰：“文

武之道，未坠于地，在人。贤者识其大者，不贤者识其小者，莫不有文武之道焉。夫子焉不学？而亦何常师之有？”

【注释】

①卫公孙朝：卫国大夫公孙朝。

【译文】

卫国的公孙朝问子贡说：“仲尼的学问是从哪里学来的？”子贡说：“周文王、武王的道，并没有失传，还留在人们中间。贤能的人可以了解它的根本，不贤的人只了解它的末节，没有什么地方没有文王、武王之道。我们老师何处不学？又何必要有固定的老师传授呢？”

19.23　叔孙武叔[①]语大夫于朝曰：“子贡贤于仲尼。”子服景伯以告子贡。子贡曰：“譬之宫墙[②]，赐之墙也及肩，窥见室家之好。夫子之墙数仞[③]，不得其门而入，不见宗庙之美，百官[④]之富。得其门者或寡矣。夫子之云，不亦宜乎！”

【注释】

①叔孙武叔：鲁国大夫，名州仇。

②宫墙：围墙。

③仞（rèn）：古代度量单位，七尺或八尺为一仞。

④官：这里指房舍。

【译文】

叔孙武叔在朝廷上对大夫们说：“子贡比仲尼更贤达。”子服景伯把这一番话告诉了子贡。子贡说：“拿围墙来作比喻，我家的围墙只有齐肩高，站在墙外便可以看见我家的房屋之美。老师家的围墙却有几仞高，如果找不到门进去，你就看不见里面宗庙的富丽堂皇和房屋的绚丽多彩。能够找到门进去的人并不多。叔孙武叔那么讲，不也是很自然吗？”

19.24　叔孙武叔毁仲尼。子贡曰：“无以为也！仲尼不可毁也。他人之贤者，丘陵也，犹可逾也；仲尼，日月也，无得而逾焉。人虽欲自绝，其何伤于日月乎？多见其不知量也。”

【译文】

叔孙武叔诽谤仲尼。子贡说：“这样做是没有用的！仲尼是诽谤不了的。别人的贤德好比丘陵，还可超越过去；仲尼的贤德好比太阳和月亮，是无法超越的。虽然有人要自绝于日月，但对日月又有什么损害呢？只是表明他不自量力而已。”

19.25　陈子禽谓子贡曰：“子为恭也，仲尼岂贤于子乎？”子贡曰：“君子一言以为知，一言以为不知，言不可不慎也。夫子之不可及也，犹天之不可阶而升也。夫子之得邦家者，所谓立之斯立，道之斯行，绥之斯来，动之斯和。其生也荣，其死也哀。如之何其可及也？”

【译文】

陈子禽对子贡说：“您对仲尼是客气吧，难道他真的比您还强吗？”子贡说：“君子的一句话就可以表现他的智识，一句话也可以表现他的不智，所以说话不可以不慎重。夫子的智慧高不可及，正像天是不能够顺着梯子爬上去一样。夫子如果得国而为诸侯或得到采邑而为卿大夫，那就会像人们说的那样，教百姓立于礼，百姓就会立于礼；要引导百姓，百姓就会跟着走；安抚百姓，百姓就会归顺；动员百姓，百姓就会齐心协力。夫子活着时是十分荣耀的，夫子死了是极其可惜的。我怎么能赶得上他呢？”

尧曰篇第二十

20.1　尧曰[①]："咨[②]！尔舜！天之历数在尔躬，允[③]执其中！四海困穷，天禄永终。"舜亦以命禹。

曰："予小子履[④]，敢用玄牡[⑤]，敢昭告于皇皇后帝：有罪不敢赦。帝臣不蔽，简[⑥]在帝心。朕[⑦]躬有罪，无以万方；万方有罪，罪在朕躬。"

周有大赉[⑧]，善人是富。"虽有周亲[⑨]，不如仁人。百姓有过，在予一人。"

谨权量[⑩]，审法度[⑪]，修废官，四方之政行焉。兴灭国，继绝世，举逸民，天下之民归心焉。

所重：民、食、丧、祭。

宽则得众，信则民任焉，敏则有功，公则说。

【注释】

①尧曰：下面引号内的话是尧在禅让帝位时给舜说的话。

②咨：即"啧"，感叹词，表示赞誉。

③允：真诚、诚信。

④履：商汤的名字。

⑤玄牡：玄，黑色。牡，公牛。

⑥简：阅，这里是知道的意思。

⑦朕：我。从秦始皇起，专用作帝王自称。

⑧赉（lài）：赏赐。下面几句是说周武王。

⑨周亲：至亲。

⑩权量：权，秤锤，指量轻重的标准。量，斗斛，指量容积的标准。

⑪法度：指量长度的标准。

【译文】

尧说："啧啧！舜呀！天命已经落在你的身上了，要真诚地持守那中道！如果四海之内百姓都穷困，那么上天赐予的爵禄就会停止了。"舜也这样告诫过禹。

商汤说："我这个后辈履，谨用黑色的公牛来祭祀，向伟大的天帝祷告：有罪的人我不敢擅自赦免。臣下的罪过我也不敢掩饰，都由天帝的心来分辨、选择。我本人若有罪，不要牵连天下万方；天下万方若有罪，都由我一人承担。"

周朝大封诸侯，使善人都富贵起来。周武王说："我即使有至亲，也不如有仁德之人。百姓有过错，都在我一人身上。"

认真检查度量衡器，治理废缺的职官，全国的政令就会通行了。恢复被灭亡了的国家，接续已经断绝了的家族，提拔被遗落的人才，天下百姓就会真心归服了。

所重视的四件事：人民、粮食、丧礼、祭祀。

宽厚就能得到众人的拥护，诚信就能得到人民的任用，勤敏就能取得成绩，公正就会使百姓高兴。

20.2　子张问于孔子曰："何如斯可以从政矣？"

子曰："尊五美，屏①四恶，斯可以从政矣。"

子张曰："何谓五美？"

子曰："君子惠而不费，劳而不怨，欲而不贪，泰而不骄，

威而不猛。”

子张曰：“何谓惠而不费？”

子曰：“因民之所利而利之，斯不亦惠而不费乎？择可劳而劳之，又谁怨？欲仁而得仁，又焉贪？君子无众寡，无小大，无敢慢，斯不亦泰而不骄乎？君子正其衣冠，尊其瞻视，俨然人望而畏之，斯不亦威而不猛乎？”

子张曰：“何谓四恶？”

子曰：“不教而杀谓之虐；不戒视成谓之暴；慢令致期谓之贼；犹之与人也，出纳之吝谓之有司②。”

【注释】

①屏（bǐng）：排除。

②有司：古代管事者之称，职务卑微，意译为“小家子气”。

【译文】

子张问孔子说：“怎样才可以从政呢？”

孔子说：“尊重五种美德，排除四种恶政，这样就可以从政了。”

子张问：“五种美德是什么？”

孔子说：“君子要给百姓恩惠而自己却无须耗费；役使百姓而不使他们怨恨；追求仁德而不贪图财利；庄重而不傲慢；威严而不凶猛。”

子张说：“什么叫要给百姓以恩惠而自己却无须耗费呢？”

孔子说：“借着百姓能够得利的事情使他们得利，这不就能做到给人恩惠却无须耗费吗？选择可以役使百姓的事情和时机来役使百姓，这又有谁会怨恨呢？自己要追求仁德便得到了仁，又还有什么可贪求的呢？君子无论人多人少、事大事小，都不怠慢，这不就是庄重而不傲慢吗？君子衣冠整齐，目不斜视，使人见了就产生敬畏之心，这不就做到威严而不凶猛吗？”

子张问：“什么叫四种恶政呢？”

孔子说：“不经教化便加以杀戮，叫作虐；不加告诫便要求成绩，叫作暴；不加监督却突然限期，叫作贼；同样是给人财物，却出手吝啬，叫作小气。”

20.3 孔子曰：“不知命，无以为君子也；不知礼，无以立也；不知言，无以知人也。”

【译文】

孔子说：“不懂得天命，就不能成为君子；不知道礼仪，就不能立身处世；不善于分辨别人的话语，就不能真正认识人。”

后 记

孔子是中国古代伟大的思想家、教育家、政治家，儒家学派创始人，其开创、阐述的儒家思想价值体系，几千年来教化、哺育着中华民族，成为中国人精神与信仰的重要文化支撑。习近平总书记强调指出，中国优秀传统文化的丰富哲学思想、人文精神、教化思想、道德理念等，可以为人们认识和改造世界提供有益启迪，可以为治国理政提供有益启示，也可以为道德建设提供有益启发。从优秀传统文化特别是儒家思想中汲取思想智慧、涵养为政之德，读懂《论语》等经典著作是重要途径。《论语》作为儒家的原典，记载着孔子及其弟子们的言论，这些言论较为全面地展现了以孔子为代表的儒家思想的精髓，其思想内容、思维方式、价值取向深深地影响了中华民族几千年。

对于《论语》，历来研究者众多，有大量的注释和解读版本，不同专家学者的观点也不尽相同，对一些章句的释义有很多争论，甚至有的分歧很大。为满足干部政德教育培训需求，我们针对党员干部群体的特点，组织专家团队广泛查阅史料典籍，紧密结合孔子所生活的时代和上古文化背景，本着力求阐释《论语》的本真含义而不陷于学术争论的原则，审慎编写了本书，诚以帮助读者掌握《论语》的核心要义，从中汲取修身养性、为政处事的智慧。

在本书编写过程中，我们查证了大量历史著述和篇章注解，参考了钱穆、南怀瑾、杨伯峻、李泽厚、李零、杨朝明、张燕婴等专家学者的《论语》著述，吸收借鉴了《论语》研究领域的最新成果，博采众家之所长，以期能更好地诠释《论语》，但由于能力水平所限，疏漏、错误之处在所难免，恳请专家、读者批评指正。山东师范大学齐鲁文化研究中心程奇立教授，济宁学院儒学与地域文化研究传播中心刘振佳教授通阅了书稿，提出了很好的意见建议；部分干部政德教育教员参与了文稿校对工作，付出了辛勤劳动。在此，一并表示感谢！

编　者

二〇一七年十一月

图书在版编目（CIP）数据

论语译注 / 济宁干部政德教育学院编．—济南：齐鲁书社，2017.11

ISBN 978-7-5333-3858-9

Ⅰ．①论… Ⅱ．①济… Ⅲ．①儒家 ②《论语》－译文 ③《论语》－注释 Ⅳ．①B222.2

中国版本图书馆CIP数据核字（2017）第200991号

论语译注

济宁干部政德教育学院 编

主管部门	山东出版传媒股份有限公司
出版发行	齊魯書社
社　　址	济南市英雄山路 189 号
邮　　编	250002
网　　址	www. qlss. com. cn
电子邮箱	qilupress@126. com
营销电话	（0531）82098521　82098519
印　　刷	山东临沂新华印刷物流集团有限责任公司
开　　本	720mm × 1020mm　1/16
印　　张	13
插　　页	3
字　　数	150千
版　　次	2017 年 11 月第 1 版
印　　次	2017 年 11 月第 1 次印刷
标准书号	ISBN 978-7-5333-3858-9
定　　价	26.00元